1876

Das Buch

In wundervollen Episoden erzählt Mona Ameziane klug und sympathisch von einem Marokko, das uns weder der Reiseführer noch das »Auslandsjournal« zeigen können.

Als Mona ihren Vater fragt, wie oft sie wohl schon in Marokko war, denkt er nur kurz nach und antwortet: »Nimm einfach dein Alter mal eineinhalb, das müsste passen.«

Wie genau er auf diese Formel kommt, weiß sie nicht, aber sie ist fest entschlossen, noch mehr Fragen zu stellen. Nicht nur ihrem Vater, sondern auch sich selbst und dem Land, das für sie schon immer mehr war als für die meisten Menschen in Deutschland. Mehr als Urlaubsziel oder »Herkunftsland« in der Zeitung nach einem Terroranschlag – mehr als oberflächliche Orientromantik und rassistische Stereotypen. Ihre Suche führt sie nach Fès zum Haus ihrer Großeltern, nach Agadir, wo sie die reichste Seite des Landes kennengelernt hat, und in abgelegene Dörfer, in denen Menschen beim Wort »Europa« nur verständnislos mit den Achseln zucken.

Der Autor

Mona Ameziane, geboren 1994, ist im Ruhrgebiet aufgewachsen. Ihr Vater kommt aus Marokko, ihre Mutter aus Deutschland. Sie hat Journalistik an der TU Dortmund studiert. Seit einigen Jahren moderiert sie die Büchersendung »Stories« und ab Herbst 2022 auch die »Aktuelle Stunde« im WDR Fernsehen.

MONA AMEZIANE

AUF BASIDIS DACH

ÜBER HERKUNFT, MAROKKO UND MEINE HALBE FAMILIE

Kiepenheuer
& Witsch

2. Auflage 2025

© 2021, 2023, Verlag Kiepenheuer & Witsch GmbH & Co. KG,
Bahnhofsvorplatz 1, 50667 Köln
Alle Rechte vorbehalten
Die Nutzung unserer Werke für Text- und Data-Mining
im Sinne von § 44b UrhG behalten wir uns explizit vor.
Covergestaltung: Barbara Thoben, Köln
Covermotiv: © travel4pictures / Alamy Stock Foto
Gesetzt aus der Bely
Satz: Buch-Werkstatt GmbH, Bad Aibling
Druck und Bindung: GGP Media GmbH, Pößneck

ISBN 978-3-462-00452-6

Kontaktadresse nach EU-Produktsicherheitsverordnung:
produktsicherheit@kiwi-verlag.de

Für alle, die mal dort waren.

Prolog

»Wie wäre es ...« Der Animateur drehte sich langsam um seine eigene Achse und stoppte, als sein Blick auf etwas Kleines zwischen den Plastiktischen vor der Bühne fiel: »... mit dir!«

Ich stand da und wartete mit meinen Eltern auf den Anfang der Kinderdisco, als auf einmal sehr viele All-inclusive-Augenpaare gleichzeitig in meine Richtung schauten. Ich griff, auf der Suche nach Halt, in die Kniekehle meiner Mutter, aber da war der Animateur schon bei uns, hob mich ganz selbstverständlich auf seinen Arm und schlängelte uns so an ein paar halbvollen Pastis-Gläsern vorbei nach vorne.

»Einen Applaus bitte für unsere Losfee!«

Alle klatschten, meine Mutter reckte einen Daumen in die Höhe und mein Vater den großen schwarzen Camcorder. Der Animateur stellte mich auf der improvisierten Bühne ab und beugte sich zu mir herunter. In der einen Hand hielt er immer noch das Mikrofon, in der anderen einen Zylinder mit kleinen gefalteten Zetteln darin:

»Wie heißt du denn?«, fragte er.

»Mona«, antwortete ich leise und schaute Richtung Boden.

»Sehr schön. Und woher kommst du, Mona?«

Eine kurze Pause. Stille am Poolbereich. Das Mikrofon vor meinem Mund, zwei zu weiße Zahnreihen direkt dahinter. Und dann sagte ich, so als wäre das ja wohl selbstverständlich:

»Ich komme aus halb Marokko und halb Deutschland.«

Das war im Frühling 1998. Damals hatte ich gerade meinen vierten Geburtstag gefeiert und konnte nicht verstehen, wieso die ganzen verbrannten Gesichter um mich herum auf einmal lachten. Alle. Sogar meine Eltern. Und der Animateur auch, aber der zählte nicht, weil der sowieso ständig über alles lachte. Trotzdem: Was war so komisch an dieser Antwort?

Hätte ich damals gewusst, dass mich diese Geschichte noch zwei Jahrzehnte lang beschäftigen würde, hätte ich, mit Blick auf eine Pointe, zumindest noch dem Hotelpublikum die Zunge rausgestreckt oder so. Aber brav wie ich war, hatte ich einfach schnell einen Zettel aus dem Hut gezogen (niemand weiß mehr wofür), wenig später den Ententanz getanzt und die Sache vergessen. Erst mal.

Über 20 Jahre später sitze ich in meiner Wohnung in Köln am Esstisch. Vor mir ein Glas übelschmeckendes Leitungswasser und zwei kalte Hände, die mein Handy halten. Auf dem Display ist das Emoji des glatzköpfigen Mannes zu sehen, in der drittdunkelsten Hautfarbe. Daneben steht: *Papa*.

»Ich schreibe ein Buch«, sage ich direkt, als er abnimmt.

»Ach du Scheiße«, kommt es vom anderen Ende der Leitung.

»Wieso ach du Scheiße?«

»Ein Buch?« Seine Stimme klingt mindestens zwei Oktaven höher als in ihrem Ruhezustand.

»Ja, über Marokko und über mich und sehr wahrscheinlich auch über dich.«

Kurz ist es still, dann fragt er »C'est vrai?«, weil er immer ins Französische springt, wenn Emotionen im Spiel sind, ich sage entschlossen »Oui«, und hier sind wir jetzt. Noch ganz am Anfang von etwas, das für mich im besten Fall wichtig und für euch im schlimmsten Fall uninteressant werden könnte. Also: ganz schön viel Druck auf meinen Schultern. Aber ich möchte mich auf die Suche nach dem begeben, was andere immer wieder als meine *Wurzeln* oder meine *Herkunft* bezeichnen, das sich für mich aber den Großteil meines Lebens irgendwie weit weg angefühlt hat. Oder noch schlimmer: nach Urlaub.

Sollten Wurzeln nicht eigentlich das Wichtigste für einen Organismus sein? Etwas, das den Ursprung von allem bildet und niemals vergessen werden darf? Und wieso ist das mit der Herkunft überhaupt so entscheidend? Also für andere. Und für mich. Ich habe mich schon häufiger bei dem Gedanken ertappt, dass ich Menschen wie die Journalistin und Fernsehmoderatorin Dunja Hayali beneide, weil sie ganz selbstbewusst und öffentlich von ihrem Migrations*vordergrund* sprechen. Den will ich auch, doch wenn ich ehrlich zu mir bin, dann war Marokko immer sehr viel in meinem Leben, aber selten im Vordergrund.

Was ich dagegen bestens kenne, ist das Gefühl, mich immer wieder in unterschiedlich großen Zwischenräumen zu befinden. Zwischen Westeuropa und Nordafrika, zwischen Deutschland und Marokko, zwischen Köln und Casablanca. Ich bin auf dem Papier in zwei Ländern dieser Welt zu Hause, aber in keinem von beiden zu 100 Prozent. Ich kann das Vaterunser auswendig und sieben Suren aus dem Koran aufsagen, aber ich weiß nicht sicher, was meine Konfession ist. Ich habe seit fast zehn Jahren einen Freund in Deutschland, von dem meine Familie in Marokko bis heute nichts weiß. Ich werde von Taxifahrern in Marrakech übers Ohr gehauen, aber auch von Nazis in Dortmund angepöbelt. Und obwohl es irre klingt: ich mag das. Nicht das mit den Taxifahrern natürlich und erst recht nicht das mit den Nazis, aber zwei Kulturen in meiner Familie waren unterm Strich immer ein Glück für mich. Keins von der glatten Sorte, das aussieht wie eine ebenmäßige Kugel, sondern eher etwas bergiger und kantiger, wie eine Rosine vielleicht. Etwas, das sich immer mehr verfestigt, je länger man es aufbewahrt, und das trotzdem nie seinen süßen Geschmack verliert.

Apropos Geschmack: um den soll es auch gehen in diesem Buch. Wir werden zusammen Granatäpfel erkunden und Pfefferminztee trinken, Schaffleisch verweigern und das kulinarische Geheimrezept für ein langes und gesundes Leben aufdecken. Wir werden durch die Medina von Fès laufen, uns durch das Gewusel auf dem Platz Djemaa el Fna in Marrakech quetschen und die kleinsten Dörfer im Atlasgebirge besuchen. Ich möchte euch Marokko, seine Menschen und seine Kultur aus meinem Blickwinkel vorstellen und mich dabei fragen: Wie viel davon ist wirklich meine Heimat, und was bedeutet das eigentlich? Kann man überhaupt zwei Heimaten haben? Oder hat Heimat im gängigen Sprachgebrauch zu Recht keinen Plural, der gut klingt? Die Heimaten. Sagt keiner, wäre aber in meinem Fall richtig. Mein Vater ist Marokkaner, meine Mutter Deutsche. Ich bin beides. Punkt. Und trotzdem gibt es da ein Gefälle: Ich bin in Deutschland geboren und aufgewachsen, habe hier das gesamte Bildungssystem durchlaufen und arbeite seit Jahren als Journalistin und Moderatorin beim öffentlich-rechtlichen Rundfunk. Marokko war dagegen lange Zeit nicht mehr als ein Ferienziel für mich. Die immer gleiche Pausentaste. Letzter Schultag, ab ins Flugzeug, drei Wochen bei meinen Großeltern in Fès, ein bisschen rumfahren, viel rumsitzen, wenig verstehen und wieder zurück. Ich habe zwar gelernt, wie man in Marokko traditionell betet, Brot backt und Menschen beerdigt, ich habe sogar zehn Monate dort gelebt und eine marokkanische Schule besucht. Aber trotzdem war ich immer irgendwie *die Deutsche.* Und zwar nicht nur für andere, sondern auch für mich.

Also möchte ich mich in diesem Buch – gedanklich und wirklich – auf eine Reise in das Land begeben, das mein Leben durch die Hintertür geprägt hat. Das Land, das sich immer wieder kurz heimisch anfühlt, um mir im nächsten Moment total fremd zu sein. Und das nicht nur bei mir solche gemischten Gefühle auslöst: Marokko kann in Köpfen Bilder von (fliegenden) orientalischen Teppichen und Kamelen im Sahara-Sonnenuntergang hervorrufen, aber eben auch Bilder von islamistischen Attentätern aus dem belgischen Molenbeek oder grapschenden Jugendlichen auf der Kölner Domplatte. Das alles ist auch die Realität, hat aber mit dem marokkanischen Alltagsleben nichts zu tun. Deshalb zeige ich euch das Land in diesem Buch durch meine Augen und hoffe, dass auch ich dabei etwas Neues lernen kann. Über mich, über Marokko und vielleicht auch über Deutschland.

1

Snober existiert auf keiner digitalen Karte dieser Welt. *Keine Vorschläge gefunden,* sagt das Handy. *Achte bei deiner Suchanfrage auf die korrekte Schreibweise,* sagt der Computer. Aber an der Schreibweise liegt es nicht. Snober ist einfach nur extrem klein und extrem abgelegen. Ein Dorf in den ersten Ausläufern des Rif-Gebirges, in dem nicht mal 50 Menschen leben, verteilt auf etwa 15 Lehmhütten. In einer dieser Hütten ist meine Lalla geboren, wahrscheinlich im Jahr 1938, aber genau weiß das niemand. Schon damals gab es nur einen sicheren Weg, um Snober zu erreichen, und der führte auf einem Pferd durch einen Fluss und dann zwei Stunden in Serpentinen den Berg hinauf. Also nur einmal umsteigen. Dieser Weg ist das Ziel meiner Reise. Ich möchte Snober kennenlernen, diesen Ort, den es für mich bisher nur in Geschichten gab und der gleichzeitig irgendwie der Anfang meiner eigenen Geschichte ist. Im Prinzip sehe ich mich schon, wie ich in der Mittagssonne durch den reißenden Gebirgsbach galoppiere, in der einen Hand die Zügel, in der anderen einen alten Kompass oder zumindest eine zerschlissene Landkarte. Diese wirklich gute Szene zerplatzt allerdings in dem Moment, in dem ich meine Augen öffne, denn vor der Bergidylle ist erst mal blau-gelbe Billigflieger-Romantik angesagt.

»Wie oft bin ich diese Strecke wohl schon geflogen?«, frage ich und hebe kurz die Jacke auf meinem Schoß an, um der Flugbegleiterin meinen geschlossenen Gurt zu zeigen. Sie nickt mir zu und auf dem Sitz neben mir lässt mein Vater die Hülle seiner kabellosen Kopfhörer zuschnappen.

»Welche Strecke? Düsseldorf Weeze – Fès?«

»Nein, Deutschland – Marokko insgesamt.«

»Das kann man ausrechnen«, antwortet er und steckt die Kopfhörer in die Sitztasche vor ihm. Zum Glück entscheide ich mich gegen den Kommentar, dass er das Vorgängermodell auf seiner letzten Marokkoreise genau da vergessen hat, denn das scheint ihm in diesem Moment auch einzufallen. Er holt die kleine Dose wieder heraus und lässt sie nachdenklich von einer Hand in die andere gleiten.

»Zwischen 1994 und 2000 waren wir im Schnitt zweimal im Jahr in Fès, dann immer in den Sommer- oder Osterferien und 2008 und 2012 auch in den Herbstferien. Von 2010 bis 2011 warst du ja komplett in Agadir, dazu kommen dann noch ein paar kürzere Reisen in den letzten Jahren und unsere Winterurlaube ...« Er macht eine Pause und legt den Kopf in den Nacken, als würde ihm die Flugzeugdecke nach dieser Ausführung die genaue Antwort anzeigen.

»Nimm einfach dein Alter mal eineinhalb, das müsste passen.« Schade eigentlich, dass er mir seine Affinität für Daten und Zahlen nicht vererbt hat.

Dann wird es laut, das Flugzeug beschleunigt und ich verdränge wie immer den Gedanken, dass jedes sechste Flugunglück beim Start passiert. Noch gefährlicher ist statistisch gesehen nur die Landung, aber auch daran will ich jetzt nicht denken. Stattdessen überfliege ich die Sicherheitshinweise auf der Rückenlehne des Vordersitzes und stelle fest, dass die Abbildungen von Sauerstoffmasken und Rettungswesten keine besonders ablenkende Wirkung haben. Also richte ich meinen Blick auf den Bordkatalog, der zerknickt und halb verdeckt unter meinem Rucksack im Fußraum hervorschaut. Auf dem Cover erkenne ich die Hälfte einer Erdkugel, darunter die Worte »Nachhaltigkeit« und »CO_2-Ausgleich«.

Na toll, denke ich, jetzt braust parallel zu den Triebwerken auch noch das schlechte Gewissen auf, und das lässt sich bekanntlich nicht so einfach abwimmeln. Leider gibt es beim Thema Klimakrise niemanden, der uns beruhigen kann und so etwas sagt wie: »Keine Sorge, die Wahrscheinlichkeit, dass wir die Erde gerade wirklich zerstören, ist total gering. Da ist es wahrscheinlicher, bei einem Fahrradunfall ums Leben zu kommen oder auf der Treppe unglücklich zu fallen.« Einerseits bin ich froh drüber, dass Flugreisen deshalb immer uncooler werden, andererseits sind sie praktisch unersetzbar, wenn die halbe Familie 3.000 Kilometer entfernt auf einem anderen Kontinent lebt. Die einzig mögliche Alternative wäre das Auto. Damit müsste man aus dem Rheinland einmal quer durch Belgien, über Paris und Bordeaux nach Spanien, runter bis Gibraltar, dann mit der Fähre nach Tanger und von dort noch mal 400 Kilometer südlich ins Landesinnere bis nach Fès. Reine Fahrtzeit ohne Pausen: etwa 30 Stunden. Ein Zehntel dieser Zeit liegt jetzt vor mir in der Luft.

Der Rechnung meines Vaters zufolge bin ich also schon ungefähr 40 Mal nach Marokko geflogen, und jedes Mal hat es sich ein wenig anders angefühlt. Als Kind konnte ich mir erst mal lange Zeit nichts Besseres vorstellen. Ich wurde daher auch nicht müde, damit anzugeben, dass *meine* Großeltern im *echten* Afrika leben und *ich* schon *so oft* (ein Hoch auf die Zeiten, in denen man Zahlen noch mit den Fingern gezeigt hat) da gewesen bin. Mit Sicherheit war ich auch schuld daran, dass sehr viele Kinder in meiner Grundschulklasse dachten, Marokko wäre eine große Savanne mit freilaufenden Giraffen- und Löwenfamilien. Zu meiner Verteidigung muss ich sagen, dass ich das nie behauptet habe. Ich habe es eventuell nur nicht vehement genug bestritten.

Als Teenager hatte sich die Sache dann sowieso erledigt, weil ich auf einmal viel lieber, wie alle anderen, in den Ferien nach

Amrum, Usedom oder Dänemark gefahren wäre, statt immer wieder nach Fès. Trotzdem beneideten mich wahrscheinlich viele darum, weil ich das Haus meiner Großeltern in meinen Urlaubsberichten immer etwas prunkvoller und die leere Pool-Ruine im Garten sehr viel einladender (und voller!) beschrieb, als sie eigentlich waren. So gesehen ist dieses Buch auch eine Art verspätete Richtigstellung und vielleicht auch eine Entschuldigung an Marokko, dafür, dass ich es lange Zeit nicht einfach als das akzeptiert habe, was es ist. Aber dazu später mehr.

Erst mal zu dem Punkt, der so einiges verändert hat. Am 17. September 2010 bin ich zum ersten Mal ohne ein Rückflugticket in ein Flugzeug nach Marokko gestiegen. Zehn Monate sollte ich dort in einer fremden Familie leben und zur Schule gehen, ohne meine Freund*innen, ohne Mamas Pfannkuchen, ohne eine Ahnung, worauf ich mich da einlasse. Damals habe ich die vollen drei Stunden in der Luft geweint, aus Sorge, Vorfreude, Unsicherheit und Heimweh und konnte nicht ahnen, dass ich genau das zehn Monate später auf dem Rückflug nach Deutschland wieder tun würde. Aus ähnlichen Gründen.

»Irgendwann wirst du merken, dass es ein Geschenk ist, in zwei Ländern dieser Welt zu Hause zu sein«, hat mein Vater früher immer wieder zu mir gesagt. Zum Beispiel an dem Nachmittag, als wir stundenlang in einem Warteraum im Konsulat in Düsseldorf saßen, um meinen marokkanischen Personalausweis zu beantragen. Ich weiß noch, dass ich mich immer wieder gefragt habe, ob das wirklich sein müsse, immerhin hatte ich ja einen deutschen Ausweis und einen Reisepass, und damit kam ich ohne Probleme überallhin. Heute schäme ich mich ein bisschen für diese Gedanken und weiß, dass es tatsächlich sehr viele schöne Seiten hat, in zwei Ländern der Welt zu Hause zu sein. Vielleicht ist dieses schleichend zunehmende Verständnis für Aussagen und Entscheidungen der Eltern das deutlichste Indiz dafür, dass man selbst erwachsen wird. Oder ist man es erst dann, wenn man sich Gedanken darüber macht? Wie auch immer. Bis es so weit war, habe ich jedenfalls erst mal alles im Leben einfach hingenommen, wie es kam. Dass meine Eltern entschieden, wann ich neue Winterschuhe brauchte. Dass zuerst das *Sandmännchen* und dann *Wissen macht Ah!* im Fernsehen lief. Dass der Käse in Mausform auf meinem Brot lag. Dass das Brot einen Roggenanteil von 80 % hatte. Dass ich im Kindergarten Osterhasen basteln sollte, während zu Hause im Käfig die echten saßen. Dass es bei jedem Einkauf eine Scheibe Mortadella gab. Und dass ich in Freundebüchern unter dem Punkt »Wohnort« keine marokkanische, sondern eine deutsche Stadt eintragen musste. Trotzdem sollten mein Bruder und ich immer auch daran erinnert werden, dass Deutschland nicht unser einziges Zuhause ist. Wir tragen beide marokkanische Vornamen, haben zwei Muttersprachen, die Mortadella beim Einkaufen war nie aus Schweinefleisch und gefühlt zu jeder erdenklichen Ferienzeit saßen wir eben im Flieger Richtung Marokko. Außerdem hat mein Vater in unregelmäßigen Abständen so getan, als würde er zum Abendbrot unser Zwergkaninchen Fluffy grillen. Was das mit marokkanischer Kultur zu tun hat, kann man wahrscheinlich erst nach Kapitel 17 verstehen, und zur Verteidigung meines Vaters muss man sagen, dass Fluffy ein sehr pflegeintensiver Zeitgenosse war. Aufgrund einer angeborenen Zahnfehlstellung musste meine Mutter ihm alle drei bis vier Wochen in einer komplizierten Prozedur die Vorderzähne kürzen, was den armen Kerl regelmäßig vorm Verhungern bewahrt hat, aber nicht den Anschein machte, als wäre es in irgendeiner Weise zu seinen Gunsten. Die Tatsache, dass Fluffy schlussendlich doch noch über zehn Jahre alt geworden ist, zeigt, dass ein guter Seitenschneider Leben retten kann. Und die Tatsache, dass mein Vater ein bisschen geweint hat, als wir Fluffy hinter unserem Garten am Feld begraben haben, zeigt, dass 20 Jahre deutsche Integration an niemandem spurlos vorübergehen.

Generell frage ich mich häufig, inwiefern ein Land eine Person prägt und verändert. Was wäre anders, wenn sich meine Eltern ein Leben in Marokko aufgebaut hätten? Was hätte es für einen Unterschied gemacht, wenn alles genauso passiert wäre, nur eben 3000 Kilometer weiter südlich?

Vielleicht wäre ich jetzt schon verheiratet oder für immer Single. Vielleicht hätte ich die Schule mit 16 abgebrochen oder mit 36 einen Doktortitel. Vielleicht wäre mir Deutschland alles in allem sympathischer oder aber völlig egal. Dass ein Wohnort Lebensumstände beeinflusst, ist logisch, aber was macht er mit einer Persönlichkeit? Zu wie viel Prozent hängen Vorlieben und Abneigungen, Stärken und Schwächen, Geschmäcker, Karriereziele oder Weltanschauungen damit zusammen? Und wie schafft man es, über diese Dinge nachzudenken, ohne mitten in der Debatte um den Heimatbegriff zu landen? Die Antwort auf diese letzte Frage ist wahrscheinlich die einzig eindeutige: Gar nicht.

Der Autor Saša Stanišić schreibt in seinem großartigen Buch *Herkunft* über den »ersten Zufall unserer Biografie: irgendwo geboren werden«. Aber manchmal ist »irgendwo geboren werden« eben auch nicht ausschließlich ein Zufall.

Ich löse meinen Blick vom Wolkenteppich, der hinter dem Fenster vorbeiwabert, und starre stattdessen wieder auf die Rückenlehne vor mir. Es ist alles wie immer: Irgendwo im Flugzeug schreit ein Kind, gerade war mir noch kalt, jetzt schwitze ich, vor ein paar Minuten wurden Rubbellose verkauft, angeblich für einen guten Zweck, und mein Vater guckt eine Serie auf seinem Tablet. Ich beobachte die Menschen, die sich lautlos auf dem Bildschirm bewegen. Sieht ein bisschen nach Mittelalter aus, aber viel mehr kann ich aus diesem Winkel nicht erkennen.

Mein Vater hebt den Blick, zieht den rechten Kopfhörer aus seinem Ohr und sagt etwas zu laut: »Il reste encore dix minutes.«

Ich habe keine Ahnung, ob er damit seine Serie meint oder die verbleibende Flugzeit. Genauso wenig habe ich eine Ahnung, wie die nächsten Tage werden.

»Warum weiß ich eigentlich so wenig über die Geschichte unserer Familie?«, wollte ich vor einiger Zeit von ihm wissen und meinte damit eigentlich »Warum bist du noch nie mit mir an den Ort gefahren, wo Lalla und Basidi sich kennengelernt haben?«.

Seine Antwort war knapp und wahr und schmerzhaft:

»Weil du mich nie danach gefragt hast.«

Also habe ich ihn gefragt. Und jetzt sind wir unterwegs.

2

Zu den größten Aha-Momenten in meinem Leben gehört auf jeden Fall der Tag, an dem ich endlich verstand, wie das mit dem Wechselgeld funktioniert. Lange Zeit war ich davon ausgegangen, dass die Verkäuferin beim Bäcker meiner Mutter nicht nur die Brötchen über den Tresen reicht, sondern auch Geld als Dank dafür, dass wir sie essen. Als mir plötzlich klar wurde, dass man beim Einkaufen nichts verdient, sondern nur etwas bezahlt, hat ein großer Teil der Welt von einer Sekunde auf die nächste viel mehr Sinn ergeben. Ich hatte das Gefühl, dem Erwachsensein mit einem Mal ein ganzes Stück näher gekommen zu sein.

Grundlegend anders war der Moment, als ich feststellte, dass nicht nur *meine* Großeltern in Marokko Lalla und Basidi heißen, sondern *alle* Großeltern. Basidi bedeutet übersetzt so etwas wie »Vater meines Herrn«, Lalla war ursprünglich die Anrede für weibliche Mitglieder der Königsfamilie, gilt mittlerweile aber als Bezeichnung für jede ältere Dame, der man Respekt entgegenbringen möchte. Theoretisch hat es also schon alles Sinn ergeben, aber die Empörung, die diese Information in mir ausgelöst hat, lässt sich immer noch nicht in Worte fassen. Bis heute horche ich jedes Mal auf, wenn jemand von einem Basidi spricht, weil ich natürlich denke, dass *mein* Basidi gemeint ist. Ich mag mir einfach keinen anderen Menschen vorstellen, zu dem diese Bezeichnung genauso gut passt wie zu ihm, und bin der festen Überzeugung, dass es nur den einen geben kann. Ähnlich ist es beim Wort »Dachterrasse«. Ich kann kein Buch, keinen Artikel, keine Meldung, nicht mal einen Tweet lesen, in dem es um eine Dachterrasse geht, ohne direkt an diese eine denken zu müssen. Diese eine, auf der ich jetzt gerade stehe. Diese eine, die zwar groß, aber unspektakulär ist. Auf zwei Leinen hängen ein paar Handtücher, darunter steht ein Korb mit Wäscheklammern. Der Boden ist mit gelben und roten Kacheln gefliest, die einen Farbton dunkler werden, wenn sie mit Flüssigkeit in Berührung kommen. Bisher hat es genau drei Situationen gegeben, in denen ich das beobachten konnte. Das erste Mal war ich mit einem der ständig wechselnden Hausmädchen hier oben gewesen, um zu putzen. So richtig mit Flitscher und Seife und Badeschlappen. Das zweite Mal hatte mein Onkel in einem besonders heißen Sommer die wirklich fantastische Idee gehabt, aus der Dachterrasse ein Privatfreibad zu machen. Leider war meinem Vater irgendwann aufgefallen, dass der Plastikpool in gefülltem Zustand ungefähr sieben Tonnen wiegen würde und er hatte angemerkt, dass die Statik des Hauses dafür sicher nicht ausgelegt sei. Also mussten wir das Projekt sehr frühzeitig und sehr enttäuscht wieder abbrechen und dabei zusehen, wie das Wasser in einer dunklen Spur über das halbe Dach lief. Beim dritten Mal schließlich hatte ich von den Fliesen überhaupt nichts mehr gesehen, weil sie von dickflüssigem dunklem Blut bedeckt waren. Sehr sicher habe ich auf dieser Dachterrasse noch nichts gesehen, was sich stärker in mein Gedächtnis eingebrannt hat als dieser Anblick. Bevor sich die Erinnerung jedoch vollständig in meinem Kopf aufbauen kann, passiert das, worauf ich immer warte, wenn ich hier oben stehe.

»Allahu Akbar! Allahu Akbar!«, ertönt es. Zunächst ganz leise von links, dann etwas lauter von vorne und nach und nach aus allen anderen Richtungen.

»Ashadu an la ilaha illa llah!«

Früher habe ich mir immer vorgestellt, dass die Dachterrasse meiner Großeltern der einzige Ort in Fès ist, an dem man die Gebetsrufe aller Moscheen der Stadt im Kanon hören kann.

Das stimmt natürlich nicht, aber gerade fühlt es sich wieder genauso an.

»Ashadu anna Muhammadan rasulu llah!«

Ich stelle mich an den vorderen Rand der Terrasse und lehne mich leicht gegen die kleine Mauer. Von dieser Seite blickt man auf die große Straße vor dem Haus, und ich sehe Basidi in einer weißen Djellaba mit hinter dem Rücken verschränkten Händen und leicht gesenktem Blick in Richtung seiner Stamm-Moschee gehen. Langsam, im typischen Basidi-Gang, bei dem alle Schritte immer kurz den Boden streifen, ohne dass es wie Schlurfen aussieht. Auf dem Kopf trägt er etwas, das hier *Tarboush* genannt wird, für das es in der deutschen Sprache aber leider keine passende Übersetzung gibt. *Hut* klingt zu sehr nach etwas mit Krempe, *Mütze* klingt zu sehr nach etwas mit Bommel und *Kappe* klingt zu sehr nach etwas mit Schirm. Ein Tarboush ist aber etwas ohne alles, und bei Basidi ist er immer weiß. War er immer weiß. Denn leider läuft er nicht wirklich da unten. Nicht mehr.

Mit einem letzten »La ilaha illa llah« verstummen nacheinander die Muezzine aus der Umgebung und ich atme tief ein. Wie schön wäre es, wenn sich das, was ich da einatme, nach frischer Abendluft anfühlen würde. Aber alles, was ich rieche, sind die Abgase der vorbeifahrenden Autos.

Das Haus meiner Großeltern befindet sich in einem Viertel, von dem ich bis heute nicht sagen kann, ob es zu den besseren oder schlechteren von Fès gehört. Ich habe die Vermutung, dass es mal besser war und langsam schlechter wird, zumindest haben hier früher wohl mal richtig wichtige Menschen gewohnt.

Ein Ritual, das für mich seit Jahren zu jedem Aufenthalt in Fès dazugehört, ist das Frühstück vor dem Frühstück. Unter dem Vorwand, Baguette kaufen zu gehen, laufen wir jeden Morgen zum Café Titanic, das etwa zehn Gehminuten vom

Haus entfernt an der Ecke einer Hauptstraße liegt, um dort mit Pfefferminztee und Milchkaffee in den Tag zu starten.

Zu dieser Tradition zählt für mich nicht nur die immer gleiche Begrüßung vom immer gleichen Kellner in Richtung meines Vaters (»Ça va, Chef?«), sondern auch die immer gleichen Geschichten an den immer gleichen Ecken des Viertels: In dem weißen Haus mit den blauen Balkonen ist die Cousine des Königs aufgewachsen. Gegenüber, da, wo seit Jahren die große Müllkippe ist, stand früher eine Villa, in der ein französischer Professor zur Miete gewohnt hat. Von ihm hat mein Vater seine erste echte Schallplatte bekommen, ein Album von Charles Aznavour, das er nach zwei Wochen unberührt zurückgeben musste, weil es im Haus meiner Großeltern keinen Plattenspieler gab. Direkt daneben, an der Ecke zum kleinen Hof, wohnte der »Ballkiller«. Ein Mann, den ich mir immer hasserfüllt und grimmig vorstelle, denn alles, was ich über ihn weiß, ist, dass er Fußbälle, die in seinem Garten gelandet sind, in zwei Teilen zurückgeworfen hat. Manchmal musste mein Vater mit seinen Freunden deshalb mehrfach zum Laden um die Ecke laufen, um sich für jeweils zwei Dirham, also umgerechnet etwa 20 Cent, einen neuen Ball zu kaufen und das laufende Spiel zu beenden.

Immer wenn mein Vater diese Geschichten erzählt, versuche ich mir vorzustellen, wie sich sein Leben hier vor 50 Jahren angefühlt hat. Alles, was er beschreibt, klingt irgendwie schön und nach Spaß und warmer Unbeschwertheit, aber so ist das ja immer mit Geschichten aus der Vergangenheit. Heute sehe ich von hier oben fast nur noch Gebäude, die eigentlich keine Wohnhäuser mehr sind, sondern Unternehmen, Schulen, Institute, Praxen, Baustellen. Da, wo mal die Cousine vom König gewohnt hat, sind seit Jahren die Rollläden dicht, und ich bin mir sicher, dass es nur eine Frage der Zeit ist, bis auch Basidis Dach verschwinden wird.

Auf dem Papier und in Reiseführern ist Fès so etwas wie der kulturelle Kern von Marokko, das geistige Zentrum, die Hauptstadt der Herzen. Der Schriftsteller Tahar Ben Jelloun, der selbst hier geboren und aufgewachsen ist, bezeichnet Fès in einem seit Jahrzehnten kursierenden Zitat als »das Gedächtnis der marokkanischen Nation« und »den Schmelztiegel einer Kultur«. Das klingt wuchtig und ist durchaus wahr, denn diese Seite der Stadt gibt es tatsächlich. Dort, wo Altes alt bleiben durfte, wird die Schönheit von Fès besonders deutlich. In vielen anderen Gegenden hat sich dagegen eine traurige Moderne ausgebreitet, die sich anfühlt wie rückschrittlicher Fortschritt.

Das beste Beispiel dafür ist das Verschwinden der traditionellen Hanouts. Sie sind die marokkanische Version des Tante-Emma-Ladens, mit dem Unterschied, dass Tante Emma hier in den allermeisten Fällen Sidi Mohammed heißt. Auf zwei bis zehn Quadratmetern stapeln sich in einem Hanout Dosenerbsen, Bleistifte, Slipeinlagen, Reis, Glühbirnen, Schokolade, Flummis, Waschmittel, Brot, Socken, Eis, Zahnpasta, Käse, Briefmarken, Tee, Joghurt, Klobürsten, Cola, Öl, Nähgarn, Salz, Kekse, Wasserpistolen, SIM-Karten, Gewürze, Marmelade, Gaskartuschen, Anti-Aging-Cremes und Chipstüten. Es kann vorkommen, dass man nach Lockenshampoo für dunkles Haar fragt und mehr Auswahl geboten bekommt als bei *Rossmann* und *DM* zusammen. Ebenfalls gut möglich, dass die Flaschen etwas verstaubt oder mit verblassten Etiketten über die Theke gereicht werden, und vor allem bei Lebensmitteln lohnt sich hier und da mal ein genauerer Blick aufs Haltbarkeitsdatum. Trotzdem gibt es, nach meinem aktuellen Kenntnisstand, kein vergleichbares Einkaufserlebnis auf diesem Planeten, und lange Zeit gab es in Marokko auch keine Alternative zu den kleinen Hanouts. Ich erinnere mich an eine Zeit, in der man von Lallas und Basidis Dach aus vier Stück zählen konnte. Alle im Umkreis von nicht mal 300 Metern. Heute gibt es in diesem Bereich nur noch einen einzigen. Dafür sind zwei große Supermärkte fußläufig erreichbar und seit Neustem sogar ein Sushi-Restaurant. Ich wüsste wirklich gerne, ob das eine gute oder eine schreckliche Entwicklung ist. Wahrscheinlich ist es einfach eine, die unumgänglich ist, und zwar nicht nur in Fès, sondern in jeder Millionenstadt der Welt. Trotzdem hoffe ich jedes Mal, wenn ich hier bin, dass zumindest ein paar Hanouts auch in Zukunft bestehen bleiben können, denn mit ihnen würde ein kleines, aber nicht unerhebliches Aggregat der marokkanischen Alltagskultur verschwinden. Notfalls, denke ich, bevor ich mich von der Mauer abwende, um wieder zum Rest der Familie nach unten ins Wohnzimmer zu gehen, notfalls wäre ich auch dazu bereit, das Ganze selbst in die Hand zu nehmen. Sehr sicher gibt es bisher keine Hanout-Besitzerin mit deutschen Wurzeln in Marokko, und zumindest die Sache mit dem Wechselgeld habe ich mittlerweile gut genug durchdrungen.

Ich stoße mich leicht von der Mauer ab und laufe an dem kleinen Anbau auf der rechten Seite der Terrasse vorbei zur Treppe. Hier war mal Basidis Reich. Sein Rückzugsort, einer von vielen in diesem Haus. Eigentlich gab es nur eine Regel: Dort, wo Bücher lagen, war Basidi gerne und häufig. Überall sonst war er nur genau so lange, wie unbedingt nötig. Manchmal hat man ihn stundenlang nicht gesehen, und wenn, dann hat er sehr sicher gelesen oder geschrieben. Nach seinem Tod mussten mein Vater und seine Geschwister Hunderte vollgeschriebener Notizhefte in Kisten packen. Alle waren bis zur letzten Seite gefüllt mit seiner feinen Handschrift. Als ich damals eines von ihnen in die Hand nahm und fragte, was er da alles aufgeschrieben habe, antwortete mein Vater nur mit einem Wort: »Gedanken«. Heute ist Basidis Zimmer auf der Dachterrasse eine

Abstellkammer. Auf dem schmalen Bett steht eine alte Wasch-maschine, daneben lehnen Holzbretter, ein weißes Rohr und ein Wischmopp an der Wand. Mir tut das weh, aber ihm wäre es wahrscheinlich total egal. Seine Bücher sind ja mittlerweile eh woanders.

3

»Darf ich eigentlich erzählen, wie ihr euch
kennengelernt habt, Mama und du?«
»Ist das denn wichtig für das Buch?«
»Nein, eigentlich nicht. Aber ich mag die Geschichte.«
»Dann mach.«

Also gut, dann hier die Geschichte, wie meine Eltern sich kennengelernt haben. Im Kalender stand das Jahr 1982, als mein Vater nach dem Abitur aus Fès nach Frankreich zog und Basidi um ein Haar in den finanziellen Ruin getrieben hätte. Zwar verdiente der damals als Schuldirektor genug, um fünf Kinder zu ernähren, ein Auto zu kaufen und ein großes Haus zu bauen, aber ein Studium an der renommierten *École Spéciale d'Architecture* in Paris hatte er sehr wahrscheinlich nicht einkalkuliert. Deshalb nahm mein Vater in Frankreich jeden Nebenjob an, der ihm vor die Füße fiel. Er putzte Toiletten bei *McDonald's*, posierte als Weihnachtsmann vor Kindern in einem Einkaufszentrum und fuhr in den Semesterferien in den Süden des Landes, um an einem Strand im Ort Le Grau-du-Roi gebrannte Mandeln zu verkaufen. Genau an diesem Strand lag in einem Sommer Ende der 80er-Jahre auch meine Mutter. Sie wollte für ein paar Wochen das Ruhrgebiet gegen französische Weinberge eintauschen, hatte gerade ihr Abitur in der Tasche und sehr bald auch so einige Tütchen gebrannte Mandeln. Das ist der romantische Teil der Geschichte.

Irgendwann musste sie zurück nach Deutschland, er zurück nach Paris. E-Mails gab es noch nicht und Smartphones erst recht nicht, aber spätestens, als meine Mutter zum dritten Mal in zwei Monaten in den Zug nach Frankreich stieg, war auch meinen Großeltern in Deutschland klar, dass das Beste am Frankreichurlaub ihrer Tochter wohl nicht der Rotwein gewesen war.

Ich kann mir nur vage ausmalen, wie sich mein Vater gefühlt haben muss, als er zum ersten Mal in die Stadt kam, die sechs Jahre später mein Geburtsort werden sollte. In die Stadt, mit der ich die schönsten Erinnerungen verbinde und für die mir trotzdem selten als Erstes positive Attribute einfallen. Überdurchschnittlich häufig sage ich den Satz »Das ist da, wo die Grimme-Preise verliehen werden«. Ansonsten erfüllen auch Bezeichnungen wie »wichtiger Chemiestandort« oder »ehemalige Bergbaustadt« den Zweck einer möglichst wertfreien Umschreibung. Außerdem ist da natürlich noch die Tatsache, dass die Anbindung ins restliche Ruhrgebiet fantastisch ist, allerdings sagt es auch sehr viel über eine Stadt aus, wenn die Nähe zu anderen Städten eine ihrer positivsten Eigenschaften ist.

Im Jahr 2012 veröffentlichte die Bundeszentrale für politische Bildung die 45. Ausgabe ihres Jugendmagazins *fluter* mit dem Titelthema »Armut«. Unsere Stadt lieferte der Redaktion anscheinend den perfekten Gegenstand für einen doppelseitigen Text, in dem es um eine ehemals reiche Gemeinde gehen sollte, die mit dem Ende des Bergbaus nicht nur ihr Geld, sondern auch jeglichen Charme verloren hatte. Beim Lesen schwankte ich permanent zwischen Entrüstung (»So schlimm ist es doch gar nicht!«), Zustimmung (»Na gut, es gibt hier wirklich viele seltsame Skulpturen.«) und Resignation (»Wow, das Hallenbad, in dem ich schwimmen gelernt habe, ist tatsächlich schon seit über zehn Jahren geschlossen und immer noch nicht abgerissen.«). Es steckte Wahres in dem Text, und trotzdem erhob sich um mich herum eine Welle des Protests, denn der Autor hatte eine Endzeitstimmung gezeichnet, die es so nicht gab und bis heute nicht gibt. Im Gegenteil, denn gerade wird viel getan, um die Stadt lebenswerter zu machen. Das freut mich natürlich, ändert aber nichts an meinem Empfinden. Wenn ich an die Stadt denke, dann fühlt es sich an, als würde ich vor einem Stofftier aus meiner Kindheit sitzen, das ich nicht loslassen kann. Egal wie zerkuschelt es objektiv auch sein mag, nichts könnte es jemals ersetzen, und selbst wenn eines Tages alle Löcher im Fell gestopft wären, würde es für immer das gute alte Stofftier bleiben, das mir vertraut ist und Erinnerungen weckt. Genauso ist es auch mit der Stadt, in der ich aufgewachsen bin. Das erste Mal ohne Stützräder fahren, das erste Mal alleine zur Schule gehen, das erste (und einzige) Mal die Goldmedaille bei den Stadtmeisterschaften gewinnen, das erste (und einzige) Mal vom Siebeneinhalber springen, das erste Mal richtig küssen, das erste Mal richtig feiern, das erste Mal Abschlussball, das erste Mal beerdigen. Jedes wichtige Ereignis macht aus dem Ort, an dem es stattfindet, einen wichtigen Ort, und wenn alle wichtigen Orte in einem Ort versammelt sind, dann muss man ihn einfach mögen.

Anders ist es, wenn man so eine Verbindung nicht hat. Mein Vater sah damals wahrscheinlich einfach nur eine mittelgroße deutsche Kleinstadt ohne Cafékultur. Oder anders gesagt: Marl war auch schon damals nicht Paris.

Außerdem mag ich nicht genauer darüber nachdenken, wie hinter verschlossenen Türen und Fenstern geredet wurde, als die Tochter vom stadtbekannten Schuhmachermeister auf einmal einen Marokkaner aus Frankreich anschleppte.

Das kann doch gar nicht funktionieren. Der will doch bestimmt nur ein Visum. Warte mal ab, die ist auf jeden Fall schwanger.

Vielleicht waren das sogar noch die netten Kommentare.

»Das haben wir einfach alles überhört«, sagt meine Oma immer, wenn wir über diese alten Zeiten sprechen. Manchmal fügt sie noch ein »Wir wussten ja auch bald, dass er gar nicht so schlimm ist« hinzu, und dann sagt mein Vater so etwas wie: »Warte mal ab, wer dir das nächste Mal deinen neuen Fernseher anschließt.«

Ich habe bis heute größten Respekt vor meinen Großeltern, die das unterschwellige Gerede und Gemunkel am Stammtisch, im Schützenverein und unter ihren Kund*innen im Schuhgeschäft tatsächlich kaltgelassen hat. Im Gegenteil, die Zeit mit ihnen war der beste Express-Sprachkurs, den mein Vater sich hätte wünschen können, und schneller als gedacht wurde Deutschland so nicht nur ein Teil von ihm, sondern er auch ein Teil von Deutschland.

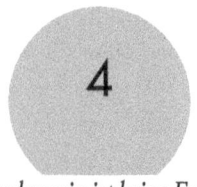

4

»Anderssein ist keine Frage des Charakters,
Anderssein ist eine Frage der Ausdauer.«

Dieser Satz klingt wie ein schlechter Kalenderspruch und war auch mal einer. Er stand in einem Tischkalender, der, wie viele seiner Art, nach dem Erfolgsprinzip *Nicht nur kitschig, sondern auch noch billig* funktionierte. Für jeden Tag des Jahres gab es eine Lebensweisheit to go, dazu ein beliebiges Bild aus einer mittelmäßigen Wallpaper-Datenbank. Der Spruch »Je kleiner die Eidechse, desto größer ihre Hoffnung ein Krokodil zu werden« stand auf einer Gebirgskette im Nebel, und zum absoluten Naturbild-Dauerbrenner ›Marienkäfer in Großaufnahme‹ gehörte die tibetanische Lehre »Vergib deinen Feinden, doch vergiss nie ihren Namen«.

In seiner Gesamtheit war dieser Kalender das perfekte Schrottwichtelgeschenk, aber aus Gründen, die mir bis heute leider verborgen sind, hatte er lange Zeit einen festen Platz in meinem Regal. Irgendwann hörte ich allerdings damit auf, jeden Tag eine Seite umzublättern, und so prangte in meinem Zimmer wochenlang der Spruch »Anderssein ist keine Frage des Charakters, Anderssein ist eine Frage der Ausdauer«. Daneben ein Feld mit Klatschmohn.

Wann ich das erste Mal bemerkt habe, dass an mir tatsächlich etwas anders ist, weiß ich nicht mehr. Vielleicht war es der Tag, an dem mir ein paar Jungs in der zweiten Klasse erklärt haben, dass mein Vater und auch ich schon längst tot wären, wenn Hitler noch leben würde. Seitdem bin ich davon überzeugt, dass es für Eltern kaum etwas Schwierigeres und Bedeutenderes geben kann, als ihrer siebenjährigen Tochter beim Abendessen das Thema Rassismus im Allgemeinen und das menschenverachtende Weltbild der Nationalsozialisten im Speziellen zu erklären.

Danach kamen die Turnwettkämpfe am Wochenende. Andere in meinem Team hießen Weber, Müller, Lang, Friedrich oder Becker. Ich habe bei einigen Siegerehrungen erst nach dem dritten Aufruf gemerkt, dass ich gemeint war. A...miza...ini. Azimiané. Arme Sahne. Alles schon gehört. Damals, neben dem Treppchen, konnte ich nicht wissen, dass ich irgendwann mal sehr froh sein würde, nicht Becker zu heißen, und ich konnte auch nicht wissen, dass die Pubertät Dinge mit sich bringen würde, die weitaus komplizierter sein sollten als ein Nachname mit zu vielen Vokalen. Zum Beispiel Alkohol, Partys und Jungs, das Bermudadreieck besorgter Väter von Nevada über Finnland bis nach Kasachstan, Marokko explizit inbegriffen und noch mal unterstrichen.

Der lautlose Startschuss für diese Phase war mein erstes offizielles Date. Ich war 14 Jahre alt und schrieb seit ein paar Wochen mit einem Jungen bei ICQ. »Lad ihn doch mal zu uns ein«, hatte meine Mutter gesagt, und das war der erste Fehler. Fehler Nr. 2: Er kam mit einem Motorroller. Fehler Nr. 3: Er trug eine lange blonde Haarsträhne seitlich am Hinterkopf. Fehler Nr. 4: Er verschwand für sehr viele Stunden mit mir in meinem Zimmer. Dass wir uns da zunächst mit mehr als zwei Metern Abstand anschwiegen und uns dann ungelenk über die Entstehung unserer ICQ-Profilbilder unterhielten, konnte man unten im Wohnzimmer nicht wissen. Die bösen Seitenblicke bei der Verabschiedung hatte ich meinem Vater allerdings schnell verziehen, denn insgeheim war auch ich froh, als der arme Kerl sich endlich wieder seinen Helm über die komische Frisur gezogen und den Roller aus unserer Einfahrt auf die Straße

geschoben hatte. Nachtragender blieb ich dafür in Sachen Al-
koholerziehung. Um jeden Preis sollten wir als Kinder von jeglicher Promille ferngehalten werden, und dabei war es egal, wer
was mitbekommt und wie locker andere Eltern mit dem Thema
umgehen. Dass Anderssein eine Frage der Ausdauer ist, wusste
mein Vater anscheinend schon vor dem Kalender in meinem
Kinderzimmer. Leider hatte ich weder große Lust auf Anderssein noch Verständnis für seine scheinbar unendliche Ausdauer. Mit acht Jahren wollte ich wie die anderen Kinder unserer Siedlung beim Straßenfest in den Bierwagen klettern und
einmal zapfen. Verboten. Mit zehn Jahren wollte ich während
einer Geburtstagsfeier leere Sektflaschen in den Keller bringen. Verboten. Mit zwölf Jahren wollte ich an einem Rotwein-
glas riechen. Sehr verboten. Noch kurz vor meinem Abitur habe
ich zu allen festlichen Anlässen zu Hause mit *Sprite* angesto-
ßen und wusste nicht so richtig warum. »Aus Respekt«, war alles, was mein Vater mir als Begründung lieferte, und das musste
reichen. Zumindest habe ich mich immer sehr bemüht, meine
Augen nur in Gedanken zu verdrehen.

Eine berechtigte Frage ist: Was wäre passiert, wenn er mich nach
einer Party betrunken über der Kloschüssel gefunden hätte?
Die Antwort lautet: Wahrscheinlich nichts, außer vielleicht die
Höchststrafe unter den gewaltfreien Erziehungsmaßnahmen,
sehr große Enttäuschung. Aber selbst auf die habe ich es nie
ankommen lassen und fing irgendwann einfach an, unterwegs
mit Freund*innen ein bisschen was mitzutrinken. Nicht wirklich viel und nicht wirklich heimlich, aber eben auch nicht zu
Hause. Aus Respekt halt.

Mein heutiges Verhältnis zu Alkohol kann man aus deutscher Sicht wahlweise als »gesund« oder »gehemmt« bezeichnen. Letzteres Urteil habe ich nie wortwörtlich so gehört, aber
es gab immer wieder Menschen, die nicht müde wurden, mir

auf Partys selbst gemischte Maracuja-, Lakritz-, oder Waldmeister-Schnäpse unter die Nase zu halten (»Noch einen, komm, hier, nimm!«) oder mir zu erklären, dass sie mich echt gerne mal so richtig betrunken erleben würden. »Ich wette, du wärst besoffen total lustig«, hat mal einer gesagt. Danke, das hat gesessen.

Vor allem in den Jahren zwischen meinem 16. und 20. Geburtstag stand ich immer mal wieder neben kotzenden oder knutschenden Menschen und habe mich entweder gefragt, ob so ein Vollrausch zu den essenziellen Erfahrungen des Lebens gehört, oder, warum ich mich nicht auch einfach mal hemmungslos abschießen kann. Auf beides gab es nie eine zufriedenstellende Antwort, und so bin ich einfach immer diejenige geblieben, die eine Stunde lang an ihrem 2,5%-Mischbier genippt hat, um die Flasche dann doch unauffällig halbvoll in einer Ecke stehen zu lassen. Vielleicht hatte ich insgeheim nicht nur Respekt vor meinem Vater, sondern nach vielen abschreckenden Beispielen auch vor der Wirkung von zu viel Alkohol.

Richtig spannend war dann allerdings jedes Mal der Perspektivwechsel, wenn wir nach Marokko geflogen sind. Das halbe *Schöfferhofer Grapefruit,* das sich in Deutschland einige Tage zuvor noch nach Spielverderberin angefühlt hatte, wurde auf einmal zu etwas höchst Rebellischem. Zwar ist Alkohol in Marokko nicht verboten, und es gibt durchaus Menschen im Land, die ihn gerne und regelmäßig trinken, aber in der Öffentlichkeit spielt der Konsum so gut wie keine Rolle. Fast 99 Prozent der marokkanischen Bevölkerung sind muslimischen Glaubens, und auch wenn es immer wieder Diskussionen um Interpretationen von Koransuren gibt, in denen Alkohol thematisiert wird, gilt er in der traditionellen islamischen Auslegung als *haram.* Tabu.

Restaurants, Hotels und Bars, die Alkohol verkaufen möchten, brauchen daher eine spezielle Schanklizenz, die teuer ist und in der Regel nur für touristische Zwecke vergeben wird. Vor allem in ländlichen Regionen, aber auch in den Altstadt-Vierteln von Großstädten wie Marrakech oder Fès ist es deshalb auf legalem Wege fast unmöglich, an eine Flasche Bier oder Wein zu kommen, und insgesamt herrscht in Marokko ein eher geducktes Verhalten, wenn es um Promille im Glas geht. Bis heute habe ich deshalb jedes Mal Schwierigkeiten, wenn mich gläubige Muslim*innen mit dem Wissen um meine Herkunft fragen, ob ich Alkohol trinke. Was ich am liebsten sagen würde: »Ja, ich trinke Alkohol. Wenig, aber gerne. Ein gutes Glas Wein zum Spargel macht zum Beispiel sehr viel aus, am besten Riesling oder noch besser ein Blanc de Noirs. Der heißt so, weil er als einziger Weißwein aus roten Trauben gekeltert wird.«

Natürlich sage ich das nie. Stattdessen in etwa das hier: »Nein, also doch ... kaum ... sehr selten ... höchstens manchmal. Ein kleines Glas oder so, mal zwei vielleicht ... aber vor allem zu besonderen Anlässen.«

Im besten Fall ist das Thema nach diesem unangenehmen Rumgedruckse vom Tisch. Es gab aber auch schon Situationen, in denen es wie eine Dunstwolke im Raum geblieben ist und dafür gesorgt hat, dass ich mich gefühlt habe, als wäre ich aus einem imaginären Kreis gestoßen worden. Einem Kreis, dem ich kurz zuvor noch angehört hatte. Wie ein Fußballer vielleicht, der gerade den Weltmeistertitel geholt hat, ohne einen einzigen Einsatz auf dem Feld gehabt zu haben. Günter Hermann ist das bei der WM 1990 passiert, Kevin Großkreutz 24 Jahre später. Ich stelle mir immer vor, wie es den beiden während der Jubelfeier nach dem Finale ergangen sein muss. Sie waren zwar immer noch Teil des Teams, aber so richtig gehörten sie in dem Moment nicht dazu, und wahrscheinlich haben sie sich unter der Champagnerdusche auch nicht nur wohl gefühlt. Womit wir nach diesem etwas hinkenden Vergleich wieder beim Thema Alkohol wären.

Ich wurde und werde also von Menschen dafür verurteilt, dass ich zu wenig trinke, und von anderen für das komplette Gegenteil. Beides fühlt sich gleich schlecht an, und beides ist auch gleich unlogisch, weil ich in meinen Augen genau das Richtige tue, nämlich nicht maßlos übertreiben, aber auch nicht grundlos verteufeln.

Diese Balance zwischen zwei Extremen beschäftigt wahrscheinlich die meisten Menschen, die versuchen, verschiedene Religionen, Kulturen und Lebensentwürfe in ihrem Alltag miteinander in Einklang zu bringen. Der Spruch »Anderssein ist eine Frage der Ausdauer« gilt dabei immer in beide Richtungen. Während mein Vater vor deutschen Eltern erklären musste, warum seine Tochter mit 14 Jahren nicht mal alkoholfreien Sekt trinken durfte, würden viele marokkanische Eltern bis heute nicht verstehen, warum ich zehn Jahre später in seiner Anwesenheit eine Weinschorle trinken konnte. Und bevor jetzt jemand die Volljährigkeit als magische Grenze ins Spiel bringt: Auch da gibt es kulturell große Unterschiede.

»18 Jahre« ist für viele in Deutschland und anderswo eine Kategorie, die sich nach Freiheit und Loslassen anfühlt. Nach Casino, Porno, Auto und Hochpro. Auf einmal sind auch die letzten Grenzen aufgebrochen, und das Argument »Ich bin 18, ich darf das« wird zu einem praktischen Allzweckwerkzeug in so gut wie jeder größeren Familiendiskussion. Auch in Marokko ist die Volljährigkeit seit vielen Jahren im Gesetz festgeschrieben. Trotzdem ändert sich für die meisten Jugendlichen dort mit dem 18. Geburtstag deutlich weniger als in Deutschland.

»Eigentlich gar nichts«, hat mir ein Freund aus Agadir gesagt, als ich ihn vor ein paar Jahren an seinem Geburtstag angerufen habe. »Der Tag heute ist für mich genauso wie die

Jahre davor. Rechtlich ändert sich natürlich irgendwas, aber zu Hause bleibt alles wie vorher. So richtig anders wird es wahrscheinlich erst, wenn ich ausziehe und mein eigenes Geld verdiene.«

Auch mein Vater beschreibt seine Volljährigkeit als völlig unscheinbaren Tag. Selbst über ein Jahr später habe er Basidi noch angefleht, bei einem wichtigen Volleyballturnier seiner Mannschaft in Rabat dabei sein zu dürfen.

»Offiziell hättest du aber einfach fahren können«, habe ich gesagt, nachdem er mir die Geschichte zum ersten Mal erzählt hat. Seine Antwort:

»Auf die Idee wäre ich aber niemals gekommen. Deshalb konnte ich es auch nicht akzeptieren, wenn du in unseren Diskussionen mit deinem Alter argumentiert hast.« Ja, das habe ich gemerkt. Und nie verstanden. Ein Kind muss doch irgendwann erwachsen werden und eigene Entscheidungen treffen können. Dass es dafür einen allgemeingültigen Zeitpunkt gibt, schien mir total logisch, meinem Vater hingegen überhaupt nicht, und erst recht nicht in Bezug auf seine eigene Tochter.

»Dieser Zeitpunkt hängt für mich nicht nur mit einer Zahl zusammen, die vor Jahren mal gesetzlich festgelegt wurde«, hat er immer gesagt, und ich kann seine Sätze bis heute mitsprechen. »Nicht dein Alter ist ein Argument für Veränderung in unserer Beziehung, sondern deine Lebenssituation. Es kann nicht sein, dass ich an einem Tag noch die Verantwortung für dich trage und 24 Stunden später theoretisch nicht mal mehr nach deinen Noten fragen darf. Das ist für mich einfach nicht logisch, weil ich das so nicht kenne. Das muss ein natürlicher Prozess sein. Und das Wichtigste ...« ... ist Respekt vor den Eltern. Wie gesagt, ich kann das auswendig.

Tatsächlich ist in den meisten marokkanischen Familien Achtung, Dankbarkeit und Demut gegenüber den Eltern häufig Kern der Erziehung. Auch hier greift, wie schon beim

Thema Alkohol, die enge Verzahnung von Alltag und Religion, die sich selbst für viele Muslim*innen nur schwer definie-
ren und entschlüsseln lässt. In Marokko ist religiöser Glaube
in allen Lebensbereichen allgegenwärtig und bestimmend, in
Deutschland kann man ihn dagegen fast als Nischenprodukt
bezeichnen, zumindest mit Blick auf gesamtgesellschaftliche
Themen wie Kindererziehung oder den Konsum von suchtför-
dernden Genussmitteln.

Es gab Momente, in denen ich gerne gewesen wäre wie die
meisten Laras, Meikes, Janas und Annas um mich herum. Sehr
sicher wäre ich dann häufiger frühmorgens aus irgendwelchen
Clubs gewankt, und mein Freund hätte im Jahr vor unserem
Abitur ohne wochenlange Diskussionen und die unendliche
Unterstützung meiner Mutter bei uns übernachten dürfen. Andererseits wäre beides mit großer Wahrscheinlichkeit niemals
möglich gewesen, wenn ich in Marokko aufgewachsen wäre. Es
gibt, selbst in extrem westlich geprägten und modernen Gegenden, Hunderte Malikas, Fatimas und Jamilas, die nicht mal
Freundinnen über Nacht zu sich nach Hause einladen dürfen, von Mädchen in konservativeren Städten wie Fès oder auf
dem Land ganz zu schweigen. Manchmal schäme ich mich
dafür, dass ich so oft vergessen habe, mit welchen Prinzipien
und Regeln mein Vater aufgewachsen ist, dass er sich in vielen Momenten weit von seiner eigenen Kultur entfernt und es
mir trotzdem nicht gereicht hat. Um mir seine Sicht der Dinge
zu verdeutlichen, zog er vor vielen Jahren mal einen interes-
santen Vergleich. Es war ein Samstagabend, ich war 17 Jahre
alt und stand in der Tür zum Wohnzimmer, eingehüllt in eine
Wolke aus *Christina Aguilera* und einen schwarzen engen Rock
von *H&M*. Mein Vater saß mit meiner Mutter auf dem Sofa
und sagte bei meinem Anblick:

»Stell dir vor, wir wären vor deiner Geburt nach Marokko

gezogen und du hättest mit 14 Jahren auf einmal ein Kopftuch tragen wollen.« Komische Vorstellung, aber nicht unmöglich.

»Mama wäre ausgeflippt und hätte sicherlich alles getan, um das zu verhindern. Es gehört nicht zu ihrer Kultur, sie hätte dafür kein Verständnis gehabt, und du bist auch ihr Kind. Genauso fühlt es sich für mich an, wenn ich sehe, dass du jetzt in diesem Rock mein Haus verlassen und irgendwo feiern gehen möchtest.«

Das war einer der Momente, in denen auch meine Mutter keine Argumente mehr für mich gehabt hatte und nur stumm nicken konnte. Sorry, da hat er einen Punkt, sagte ihr Blick. Ich nahm das alles wahr und fand es unfair, wusste aber auch, dass ich nicht widersprechen brauchte. Stattdessen nutzte ich all meine Energie dafür, möglichst schnell ein möglichst gutes Alternativoutfit zusammenzustellen. Vielleicht würden Röhrenjeans die Sachlage verändern, dachte ich. Vielleicht lassen sie mich dann doch gehen. Dass ich meinem Vater tatsächlich recht geben musste, merkte ich erst viele Jahre später. Aber da war der Reiz von Großraumdiscos längst verpufft.

5

834. 834. 834.

Ich wiederhole die Zahl, die auf dem Dach des Taxis steht, genau drei Mal in meinem Kopf, bevor ich mich durch die hintere Tür des alten Peugeot 205 quetsche und ans andere Ende der Sitzbank rutsche. Da Taxifahren in Marokko, anders als Alkohol, ein elementar wichtiger Teil des alltäglichen Lebens ist, kann ich gar nicht sagen, wie oft ich diese Dinge schon in dieser Reihenfolge getan habe. Wahrscheinlich deutlich häufiger als 834 Mal.

Diese Tatsache ändert allerdings nichts daran, dass ich als Nächstes mit der rechten Hand über meine linke Schulter nach hinten fasse und ins Leere greife. Ach ja, keine Gurte auf der Rückbank, weiß ich doch eigentlich. Hat niemand gesehen.

Ich lasse mich in den Sitz sinken, spüre die Risse im Leder an meinen Kniekehlen. Im Radio läuft etwas Instrumentales, das klingt, als wäre es für einen Werbespot über Marokko geschrieben worden.

»Zur Medina, bitte«, sagt mein Vater auf Arabisch und schließt die Beifahrertür. Der Fahrer nickt, blinkt und wirft einen prüfenden Blick nach hinten. Ich stelle fest, dass er ein altaussehender Vierzigjähriger oder ein junggebliebener Sechzigjähriger sein könnte. Wahrscheinlich liegt die Realität irgendwo dazwischen. Auf jeden Fall scheinen er und ich ein jeweils anderes Temperaturgefühl zu haben, denn während mir unter meinem T-Shirt der Schweiß den Rücken hinunterläuft, trägt er einen dunkelblauen Strickpullover mit hohem Kragen. Als er losfährt, schaukelt die Gebetskette an seinem Rückspiegel hin und her. Dabei berührt sie jedes Mal eine kleine *Hello Kitty*-Figur auf dem Armaturenbrett, die genauso alt aussieht wie ihre Umgebung und von der ich gerne wüsste, wie sie hier gelandet ist.

In Deutschland ist Taxifahren ein Luxus, den sich nur die wenigsten regelmäßig leisten können und wollen. In Marokko sind die *Petits Taxis* nicht nur die einfachste und günstigste Art, um sich in jeder größeren Stadt fortzubewegen, sondern auch die spannendste. Zumindest für ausgewanderte Einheimische. Eine ihrer ungeschriebenen Regeln lautet: Niemand weiß so viel über den Zustand der Stadt, die Stimmung im Land und die aktuellen Wetterprognosen wie Taxifahrer. Mein Vater nutzt diese Tatsache jedes Mal aufs Neue aus, sobald alle Türen geschlossen und das Taxameter angeschaltet ist. Auch heute. Wir haben nicht mal die Hauptstraße hinterm Café Titanic erreicht, da sind die beiden schon in den Themenkomplex »Arbeitslosigkeit in den Randbezirken von Fès« vertieft, und wüsste ich es nicht besser, würde ich fest davon ausgehen, dass es sich um alte Bekannte handelt. Es dauert keine zwei Minuten, da fühlt sich der Weg schon nicht mehr nach einer Dienstleistung an, sondern eher nach einem zufälligerweise bezahlten Freundschaftsdienst. Wir fahren durch die Neustadt von Fès Richtung Norden, und während wir bei *McDonald's* im Kreisverkehr rechts abbiegen, schließe ich innerlich die Wette ab, dass zum Ende der Fahrt Nummern ausgetauscht werden. Außerdem frage ich mich, wie viele Kontakte man im Handy meines Vaters wohl unter ›Taxifahrer Mohammed‹ findet. Locker mehr als zehn. Dieser hier bremst kurz ab, weil eine Frau vor uns am Straßenrand den Arm ausstreckt, und beschleunigt sofort wieder, als hinter ihr ein Kind auftaucht. Wichtigstes Gebot in der marokkanischen Straßenverkehrsordnung: Nicht mehr als drei Fahrgäste in einem kleinen Taxi. Ich glaube, es gibt kaum eine andere Regel, an die man sich hier so flächendeckend und eisern hält. Auch die Nummer 834 macht da keine Ausnahme. Ich stütze meinen Ellenbogen gegen das kühle Fenster und lehne den Kopf an meine Hand. Draußen ziehen die Autos vorbei, vorne geht das Gespräch weiter. Der Fahrer lacht gerade über etwas, das mein Vater gesagt haben muss, und unterbricht ihn direkt danach mit einer wilden Handgeste und einem Kopfschütteln. Ob er wohl weiß, dass es Fahrgäste gibt, die sich beim Einsteigen die Zahl auf seinem Dach einprägen? »Für den Fall der Fälle«, sagt mein Vater immer. Was auch immer das heißen mag.

Nach etwa fünfzehn Minuten fahren wir auf unser Ziel zu, und der Fahrer bekommt deutlich mehr als das, was auf der kleinen Anzeige steht. Draußen dreht mein Vater sich noch einmal in der geöffneten Tür um und verabschiedet sich mit den Worten:

»Si Mohammed, shukran. Bslamah!«

Wie es aussieht, habe ich die Wette mit der Telefonnummer verloren, aber zumindest beim Namen lag ich richtig. Wir laufen das letzte Stück an der meterhohen Mauer vorbei, die die größte Altstadt Marokkos vom Rest der Welt trennt, und die Sonne prallt rechts von uns an der beige-braunen Wand ab. Nicht mal ihre Strahlen haben so richtig Platz in der Medina von Fès, genauso wenig wie Autos, EC-Karten und McMenüs.

Der Haupteingang ist ein riesiger Torbogen, der im oberen Teil mit dunkelblauen Schnörkeln und Mustern besetzt ist und deshalb in internationalen Reiseführern nur *Blue Gate* genannt wird. Offiziell heißt er *Bab Bou Jeloud* und führt direkt auf den *Platz der verlorenen Touristen*. Hier soll allen Fremden noch vor dem Eintritt ins Labyrinth der Medina klar werden, dass sie dieser Ort ohne einheimische Hilfe mit großer Wahrscheinlichkeit verschlucken und auf ewig in den Tiefen seines Magens zappeln lassen wird. Klingt wie eine lukrative Marketingidee der Touristenführer-Lobby, ist aber ganz einfach die Wahrheit. Selbst meine Cousine, die ihr komplettes Leben in Fès verbracht hat, musste vor ein paar Jahren mehrfach nach dem Weg fragen, um eine Gasse wiederzufinden, in der wir wenige Stunden zuvor bei einem Schneider die Kürzung einer meiner Hosen in Auftrag gegeben hatten. Vollautomatisch wollte ich damals nach meinem Handy greifen, um nach der richtigen Route zu suchen, aber auch die Technik ist hier restlos verloren. Vor allem die Technik. Alles, was man aus der Vogelperspektive auf dem Bildschirm erkennen kann, sind Tausende eckige Formen in unterschiedlichen Größen und Farben, die keiner ersichtlichen Baustruktur folgen. Als hätte jemand ein Haus von Hundertwasser auf die Seite fallen und alt werden lassen. Aus der Nähe betrachtet ist jede Dachterrasse in der Medina ein eigener Kosmos, beim Herauszoomen ergeben jedoch alle zusammen eine bräunlich bunte Masse, die aussieht, als könne man problemlos von einem Haus aufs nächste spazieren. Die über 9000 Gassen, die wie ein wirres Netz aus Adern zwischen den kleinen Vierecken verlaufen, lassen sich höchstens erahnen, wenn man weiß, dass sie existieren. Klar und deutlich sind auf der Karte nur die zwei größten Verkehrswege zu erkennen, *Talaa Kebira* und *Talaa Sgheria*. Sie verlaufen vom blauen Tor einmal durch die gesamte Altstadt und enden, wie es sich für Hauptschlagadern gehört, mitten in ihrem Herzen.

Ohne uns abzusprechen, halten wir uns rechts und betreten, hinter dem Café mit den grünen Stühlen in der Ecke, die kleinere der zwei großen Achsen. Ab hier reiht sich Hunderte Meter lang ein winziger Laden an den nächsten. In kleinen Säulen türmen sich runde Brotlaibe auf einer Ablage, dahinter hängen Teppiche, Lampen und Fußballtrikots vor den Türen. Wieder

42

ein paar Meter weiter werden eigentlich Teller und Schüsseln aus Keramik verkauft, aber vor dem Eingang sitzen zwei Männer auf dem Boden und spielen Dame. Ihr Spielbrett ist ein bemalter Pappkarton, die Figuren jeweils zwölf rote und zwölf blaue Deckel von Getränkeflaschen. In der Ladentür hinter ihnen lehnt diagonal ein Besenstiel, das marokkanische Zeichen für *geschlossen*.

Wir laufen vorbei an kleinen Tischen, auf denen einzelne Kaugummipackungen, Zigaretten und Taschentuchboxen verkauft werden. Immer wieder unterbrechen schmale Lücken die Reihen der Läden und führen ins Dickicht der Häuser. Diese Seitengassen fühlen sich jedes Mal an, als würde man sich vom Boden abdrücken, um ins tiefere Wasser zu schwimmen, und spätestens nach der ersten Krümmung ist das Ufer nicht mehr zu sehen, der Trubel der Hauptwege nur noch dumpf zu erahnen. Einige Wände verlaufen parallel, andere verengen sich mit jedem Meter, sodass man sich beim Gehen irgendwann seitlich eindrehen muss, um nicht mit den Schultern stecken zu bleiben.

Der österreichische Schriftsteller Hugo von Hoffmannsthal hat mal gesagt, er habe sich bei seinem ersten Besuch in der Medina gefühlt, als sei er ins Innere eines Granatapfels geraten. Ich mag diesen Vergleich sehr, weil er alles beschreibt, was diesen Ort ausmacht. Eine in sich geschlossene Welt, die aus lauter einzelnen Kernen besteht, zusammengehalten von einer verästelten Haut mit Wurmlöchern hier und da. Was am Anfang noch überschaubar und geordnet wirkt, entwickelt sich mit jedem weiteren Meter zu einer Herausforderung für alle Sinne. Es riecht nach Pfefferminz, nach Orange, nach Metall, nach Tier. Überall wird gehämmert, geklopft, genäht, geknüpft oder gemeißelt. Alles wirkt ein bisschen schmuddelig, aber nicht ekelig. Verwinkelt, aber nicht gruselig. Laut, aber nicht nervig. Fast so, als hätte jemand das Klischee einer Stadt aus den Märchen von Tausendundeine Nacht materialisiert. Die perfekte Balance zwischen touristisch und authentisch. Nicht unangenehm anders, aber ungewöhnlich genug. Und genau deshalb gibt es niemanden, den das hier kaltlässt.

Auch ich brauche, selbst nach so vielen Jahren, immer wieder ein paar Minuten, um in den Takt zu kommen, der hier so anders ist als überall sonst. Ruhiger, weil man keine Motoren hört, und gleichzeitig schneller, weil sich so viele Eindrücke so wenig Raum teilen müssen. Für das, was hier zeitgleich auf gerade mal 2,8 Quadratkilometern passiert, braucht man woanders eine komplette Metropole. Inklusive Vorstadt und Umland.

Ich weiche einem Bündel aus Bastkörben aus, das an einer Stange über der Schulter eines Mannes hängt und bei jedem seiner Schritte von rechts nach links schaukelt. Als ich mich gerade wieder in den losen Strom der Menschen einsortieren will, ertönt von Weitem das monotone Rufen eines Mannes.

»Balak! Balak! Balak!«, tönt es durch die Gasse, und es wirkt, als würden die Stoffe und Wände um uns herum den Schall verschlucken. Die Worte vermischen sich mit rhythmischem Klackern auf dem Steinboden und als wüsste ich nicht, was sie bedeuten, zieht mein Vater mich am Arm zur Seite. Wir lassen einen weißen Esel vorbeitrotten, auf dessen Rücken sich Mehl- und Getreidesäcke stapeln, rechts und links jeweils fixiert mit einem vollen Wasserkanister. Neben ihm geht sein Besitzer, in der einen Hand einen Stock, mit dem er das Tier immer wieder antreibt, in der anderen ein Seil, das am Kopf des Esels zu einem provisorischen Halfter zusammenläuft. Ein Teil von mir ist davon zutiefst unbeeindruckt und geht einfach weiter, ein anderer Teil denkt kurz an die Standards diverser deutscher Tierschutzvereinigungen.

Ich habe mittlerweile aufgehört, mich gegen solche Gedanken zu wehren, denn ich weiß, dass ich sie sowieso nicht abstellen kann. Müllabfuhr, Rettungswege, Abwasser, Brandschutz, alles Dinge, für die es in Deutschland DIN-, EN- und ISO-Normen gibt, feste Systeme, klare Regeln und keine Ausnahmen. Sicherheitsstandards, Transportmöglichkeiten und Grundversorgungen sind so selbstverständlich in unseren Alltag integriert, dass wir sie erst bemerken, wenn sie auf einmal wegfallen oder erst gar nicht existieren. So wie hier. Natürlich ist genau dieser irgendwie mittelalterlich anmutende Zustand ein Grund dafür, dass jeder diesen Ort so faszinierend findet und auch ich ihn schon immer liebe. Gleichzeitig macht er mich auch ein bisschen verrückt. Manchmal reicht ein kaputtes Kabel, das offen aus einer Hauswand ragt, oder der Geruch nach verbranntem Brot in der Luft und sofort sehe ich uns von oben, wie wir als kleine Punkte in einer der vielen Gassen stehen, gefangen im Schlitz aus Lehmfassaden, und von rechts und links strömt dicker grauer Rauch auf uns zu. Ich weiß nicht, ob ich schreien oder panisch schweigen würde, ob wegrennen oder stehen bleiben das Richtige wäre und wie hoch die Opferzahl nach so einer Katastrophe sein würde. Aber was ich sicher weiß, ist, dass mir bei diesen Gedanken jedes Mal der Schweiß ausbricht und ich zwischen den schmalen Mauern und Läden den nächsten Hydranten suche. Häufig ohne Erfolg. Na ja, denke ich mit Blick auf den wackelnden Eselhintern, der sich immer weiter entfernt, zumindest laufen die Transportmittel hier nicht mit Kraftstoff, sondern mit Hufen. Damit ist ein Benzinbrand schon mal ausgeschlossen.

»Was ist los?«, fragt mein Vater von der Seite und guckt mich prüfend an. Ich entspanne mein Gesicht und zucke nur kurz mit den Schultern. »Nichts, ich hab mir nur gerade vorgestellt, wie wir hier qualvoll verbrennen, an diesem wunderschönen Ort ohne Feuerwehrzufahrt, der nicht nur UNESCO-Welterbe

ist, sondern vor allem dein Zuhause. Und damit auch meins.«
Das sage ich natürlich nicht. Stattdessen versuche ich, mich
auf irgendetwas zu konzentrieren, das mich zurück ins gute
Medinafeeling bringt, aber es ist zu spät. So wie vor ein paar
Jahren, im Winter 2015.

6

Es war nicht mal 6.30 Uhr, als ich am Gate im Düsseldorfer Flughafen plötzlich Angst vor den Menschen bekam, die mit mir ins Flugzeug Richtung Marokko steigen wollten.

Ich stand in der Schlange zum Boarding, ließ meinen Blick durch die Halle mit dem viel zu kalten Licht wandern und von einem Moment auf den anderen lagen im schwarzen Koffer vor mir keine Unterhosen und Socken mehr, sondern Kabel und Knöpfe, und alle Wölbungen unter dunklen Pullovern schienen auf einmal viel zu unförmig, um nackte Bäuche zu sein. Ich versuchte, mich auf die immer gleichen Bewegungen der Flughafenmitarbeiterin vorne am Ausgang zu konzentrieren. Bordkarte greifen, scannen, guten Flug, »next, please!«. Es klappte nicht, im Gegenteil. Mit jedem Meter, den ich ihr näher kam, war ich überzeugter, dass ich niemals in Marokko ankommen, vielleicht nicht mal Deutschland lebendig verlassen würde. Meine Angst fühlte sich an, als wäre jemand dabei, einen Luftballon in meinem Magen aufzublasen. Ich konnte nichts dagegen tun, sie wurde immer größer und drückte meine Organe zur Seite, bis es überall schmerzte.

Wenige Wochen zuvor hatten islamistische Attentäter an einem Freitagabend in Paris 130 Menschen getötet und über 600 weitere verletzt. Diese zwei Dinge, mein Flug in den Winterurlaub nach Marokko und die Anschläge im November in Frankreich, hatten keinerlei Verbindung zueinander, bis mein Kopf sich selbstständig machte und eine herstellte. Nie zuvor habe ich mich vor meinen eigenen Gefühlen so erschrocken wie an diesem Tag am Gate D81, und nie wieder hatte ich fremden Menschen gegenüber so ein schlechtes Gewissen wie

47

dort. Zuerst schob ich es auf die Uhrzeit, dann auf die Nachrichtenflut der vergangenen Wochen. Die verwackelten Videos, die panischen Stimmen, die Bilder von weißen Tüchern auf rotem Grund, von zerstörten Cafés und Familien, verpixelten Gesichtern mit arabischen Namen darunter und in den Texten immer wieder »marokkanische Wurzeln«. Meine Scham darüber, dass ich in einer ganzen Reihe von harmlosen Fluggästen potenzielle Attentäter gesehen hatte, nur weil sie männlich waren und Marokkaner und leise vor sich hinmurmelten oder auch nicht, blieb wochenlang. Du bist doch auch Marokkanerin, wiederholte ich ständig in meinem Kopf. Mehr als jede andere Person solltest du wissen, dass diese Gefühle irrational und rassistisch und falsch sind.

Ich erzählte niemandem davon, versuchte nicht mehr daran zu denken und verdrängte das schwere Gefühl schließlich so weit, bis es als schrumpeliges Knäuel langsam von meiner Magensäure zersetzt wurde. Dann explodierten die Bomben in Brüssel. Es gab neue Bilder, neue Tote, neue Berichte, neue Namen. Wieder marokkanische Namen. Und wieder kam die Angst erst einige Zeit nach den Anschlägen.

Ich saß im Zug Richtung Belgien, vier Wochen im ARD-Studio in Brüssel lagen vor mir, und als ich ankam, patrouillierte im Bahnhof noch immer das Militär.

»Kannst du eigentlich Arabisch?«, fragte mich der Leiter des Hörfunkstudios an meinem ersten Arbeitstag, und zwei Tage später steckte ich bis zum Hals in Recherchen zu islamistischen Szenen in Brüssel. Ich besuchte Belgiens bekanntesten Anti-Terror-Experten, ließ mir von ihm die Unterschiede zwischen Wahhabiten und Salafisten erklären und lernte viel über Ghettobildungen und organisierte Kriminalität in Stadtteilen wie Molenbeek und Schaerbeek. Ich berichtete von Schließungen illegaler Koranschulen und Radikalisierungen in belgischen

Hinterhöfen, und kurz vor meiner Rückreise nach Deutschland besuchte ich eine Moschee, der nachgesagt wurde, die salafistische Hochburg der Stadt zu sein. Ich sprach dort mit einem Imam über die Vorwürfe der Bevölkerung, die saudische Finanzierung seiner Gemeinde und Wikileaks-Enthüllungen, die offengelegt hatten, dass der ehemalige Direktor wegen seiner extremistischen Predigten entlassen werden musste. Ich berichtete über all das mit einer Selbstverständlichkeit und einer Neugier, die mich im Nachhinein überrascht und von der ich heute weiß, dass sie nicht mehr war als eine sehr wackelige Schutzmauer.

Nach einem Monat gab der Studioleiter mir anerkennend die Hand und dazu noch den Rat, ich solle mich doch auch in Zukunft weiter auf das Thema Islamismus konzentrieren. Für mich als Frau mit persönlichem Bezug zum Islam und zur arabischen Sprache sei das ein »extrem interessantes Feld«. Ich nickte, bedankte mich für die spannende Zeit, meinte das vollkommen ernst, aber schon in diesem Moment war ich mir absolut sicher, dass eine Karriere als Islamismus-Expertin das Letzte war, was ich mir für meine Zukunft wünschte.

Als ich wenige Tage später im Brüsseler Hauptbahnhof bemerkte, dass ich im Vorbeigehen automatisch jeden durchsichtigen Mülleimerbeutel nach einer selbst gebauten Bombe absuchte, nahm ich mir vor, mich nie wieder beruflich mit islamistischem Terror zu beschäftigen. An diesen Vorsatz halte ich mich bis heute.

Zurück in Köln wartete allerdings schon das nächste Thema, das dafür prädestiniert war, *mein* Thema zu werden. Die Silvesternacht 2015 saß der Stadt noch immer in den Knochen, und ich wurde mit einem Kamerateam in marokkanische Supermärkte und Moscheegemeinden geschickt, um dort mit den Männern über die sexuellen Übergriffe auf der Domplatte und deren Auswirkungen zu sprechen. Später im Schnittraum starrte ich in das Gesicht eines Bonner Gemüsehändlers, der mit Sorgenfalten auf der Stirn erklärte, wie schlimm das alles gewesen sein müsse und wie viele Kund*innen sein Laden seit dieser Nacht verloren habe. Im Dezember noch der nette Marokkaner von nebenan, im Januar auf einmal Triebtäter oder Mitwisser oder Anstifter oder was auch immer. Mitleid und Wut stiegen bitter in mir auf, und wäre der Cutter neben mir nicht unbeeindruckt zur nächsten Szene gesprungen, hätte ich im Affekt wahrscheinlich das komplette Material gelöscht. Was, außer Geschlecht und Herkunft, hatte dieser Mann mit denen zu tun, die Hunderte Frauen angegriffen und sexuell belästigt hatten? Warum musste er finanziell und psychisch unter den Taten irgendwelcher bescheuerten Idioten leiden? Und warum sollte ausgerechnet ich ihn um dieses Statement bitten, immerhin wohnt er seit 17 Jahren in Deutschland, und dass wir uns vor dem Interview kurz auf Marokkanisch unterhalten hatten, lag nur daran, dass wir es konnten. Oder ist dieser Gedanke naiver Idealismus und der Small Talk hat sehr wohl einen Unterschied gemacht? Wäre eine Maren oder Linda oder Lisa nicht zu dem Material gekommen, das ich abliefern konnte? Und was sagt das über unsere Gesellschaft aus?

Ich war verwirrt und immer noch wütend. Wütend auf die wahren Täter, auf Männer, denen alles egal ist, alle Konsequenzen, alle Gefühle, alle Menschlichkeit, alle Frauen. Und ich war wütend auf diejenigen, die viel zu schnell alles in einen Topf schmeißen, weil es ähnlich aussieht oder spricht, ohne zu überlegen, ob es überhaupt zusammengehört.

Nehmen wir zum Beispiel den Satz *Allahu Akbar,* also *Gott ist groß* oder *Gott ist am größten.* Eine Aussage, die Basidi mehr als achtzigmal pro Tag ausgesprochen und wahrscheinlich doppelt so häufig gedacht hat, genauso wie Millionen andere Muslim*innen auf der Welt, die ihre Religion friedlich und in Einklang mit allen bestehenden Menschenrechten ausleben. *Allahu*

Akbar ist für sie nicht nur zentraler Bestandteil eines jeden Gebets, sondern auch eine Allzweck-Redewendung, die man vielleicht in Ansätzen mit dem Deutschen *Oh mein Gott* vergleichen kann. Allah ist für viele Menschen groß oder sogar am größten, aber im positivsten und friedlichsten Sinne. Deshalb sind vor allem sie es, die darunter leiden, wenn Selbstmordattentäter*innen den Ausruf als islamistisches Terrorbekenntnis instrumentalisieren und ihn auf diese Art in vielen Köpfen mit den schrecklichsten Szenarien und Bildern verknüpfen. Indem sie immer wieder klarmachen, dass sie vermeintlich im Namen des Islam und Allahs handeln, beschmutzen sie fast ein Viertel der Weltbevölkerung und sorgen dafür, dass ein geflüstertes oder erst recht ein gerufenes *Allahu Akbar* bei immer mehr Menschen mittlerweile nur ein Gefühl hervorruft, nämlich Angst.

Diese Tatsache macht mich fast wütender als alles andere, aber gleichzeitig erinnere ich mich an meine Erfahrung am Flughafen. Ich habe am eigenen Körper gespürt, was Terror-Berichterstattung und eine intensive (oder zu oberflächliche) Auseinandersetzung mit dem Thema Islamismus auslösen können. Beides hat dazu geführt, dass ich einen Augenblick lang ein ganzes Land verurteilt habe. Mein Land. Und zwar nur aufgrund dunkler Bärte, die mich an eine Handvoll unscharfer Fahndungsfotos erinnert haben. Bärte, die ich bis zu dem Zeitpunkt einfach übersehen hatte, weil sie so normal für mich waren. Bärte, die auch Männer in meiner Familie tragen oder tragen könnten. Es war, als hätte ich mich für einen Moment von mir selbst entfernt, von dem, was ich bin, wo ich herkomme, was ich immer sein wollte. Ein Gefühl, das ich bitte nicht noch einmal in dieser Intensität durchleben möchte, das mir allerdings bis heute dabei hilft, diese irrationale Angst besser zu verstehen. Sie ist nicht zwangsläufig eine innere Haltung, eine bewusste Richtung, Kalkül, sondern meist etwas völlig Unkontrolliertes, das durch Unwissenheit oder Unsicherheit ausgelöst wird, dabei aber Teil des antimuslimischen Rassismus in unserem Land ist.

Unsicherheit, das kann ich aus eigener Erfahrung sagen, lässt sich in bestimmten Situationen nur schwer vermeiden und eindämmen. Manchmal entwickeln Gedankenschleifen im Alltag ein Eigenleben und führen dazu, dass wir fast automatisch verurteilen, beschuldigen oder ausgrenzen. Davon kann und sollte sich niemand freisprechen, denn entscheidend ist letztendlich, ob wir uns darüber im Klaren sind, ob wir Rassismen im Alltag wahrnehmen, sie selbstkritisch als solche benennen und dagegen ankämpfen. Das ist Aufgabe eines jeden einzelnen. Immer.

Unwissenheit ist dagegen der Punkt, an dem wir als Gesellschaft ansetzen müssen. Es lässt sich beispielsweise meiner Meinung nach nicht mehr rechtfertigen, dass immer noch an einem Großteil der Schulen in Deutschland konfessionell getrennter Religionsunterricht stattfindet, statt Kindern von Anfang an gemeinsam als Gruppe Wissen zu allen Weltreligionen zu vermitteln. Von der 5. bis zur 11. Klasse habe ich mit einer Türkin und einer Zeugin Jehovas jede Woche 90 Minuten in einem leeren Raum verbracht, bis die anderen aus ihrem evangelischen und katholischen Religionsunterricht zurückkamen. Wir wurden immer »die drei OBs« genannt, weil auf unserem Zeugnis unter Konfession ein kleines »o.B.« stand. Ohne Bekenntnis. Wir waren wie drei Mini-Tampons, alleine in einer leeren Verpackung, die gerade noch voll war und auf einmal viel zu groß. Natürlich klingt das jetzt dramatischer, als es sich damals angefühlt hat, denn eigentlich haben wir unsere Zweckgemeinschaft immer für gute Gespräche genutzt oder für unsere Hausaufgaben. Fakt ist aber, dass wir, bei durchschnittlich 40 Schulwochen pro Jahr, etwa 80 Unterrichtsstunden verpasst haben, in denen wir sehr viel hätten lernen können. Um diese Lücke zu füllen, gibt es an vielen Schulen in Deutschland mittlerweile Ethik- oder sogar gesonderten Islam-Unterricht für diejenigen, die nicht am christlichen Religionsunterricht teilnehmen möchten. Das ist immerhin besser, als eine Gruppe Schüler*innen sich selbst zu überlassen, trotzdem sorgt die Frage nach der Religionszugehörigkeit immer noch dafür, dass sich eine Klasse – im wahrsten Sinne des Wortes – spaltet. Mit Blick auf ein verständnisvolleres und selbstverständlicheres Zusammenleben wäre es in meinen Augen absolut sinnvoll, in der Schule schon früh für einen Austausch zwischen verschiedenen Glaubensrichtungen zu sorgen. Und zwar nicht nur in der Pause auf dem Schulhof, sondern vor allem im Klassenzimmer.

Bis heute muss ich mir beispielsweise eingestehen, dass ich in Bezug auf christlichen Glauben und die Bibel große Wissenslücken habe. Trotzdem kann ich verstehen, warum meine Eltern es nicht zugelassen haben, dass mir in der Schule in Kooperation mit der katholischen oder evangelischen Kirche vor allem dieser eine Glaube vermittelt werden sollte.

Ich möchte an dieser Stelle auch nicht nur dem Bildungssystem die Schuld in die Schuhe schieben, dafür, dass Deutschland weiterhin immer wieder aus *uns* und *denen* besteht. Auch populistisch zugespitzte Diskussionen tragen dazu bei, denn sie verkürzen extrem komplexe Zusammenhänge auf ein paar Parolen und problematisieren *den* Islam und *die* Muslime. Gebe ich im Google-Suchfeld die Worte »Gehört der« ein, ergänzt der Algorithmus nicht nur »... Gardasee zur Lombardei« und »... Kosovo zur EU«, sondern auch »... Islam zu Deutschland«. Um es in Anlehnung an die Worte unseres Innen- und Heimatministers Horst Seehofer zu sagen (dass ich ihn in diesem Buch zitieren würde, hätte ich nicht gedacht): Der Islam gehört nicht zu Deutschland. Erstens gibt es ihn in dieser generalisierten Form nicht, zweitens ist er natürlich faktisch ein Teil des Landes, aber wenn er wirklich dazugehören würde, dann müsste ich niemanden mehr korrigieren, weil er wieder mal die

Worte *islamisch* und *islamistisch* verwechselt hat. Dann würde es auf dem Arbeitsmarkt oder bei einer Wohnungsbesichtigung keinen Unterschied mehr machen, ob eine Frau ein Kopftuch trägt oder nicht. Und etwas, das offensichtlich rechte Hetze ist, dürfte nie wieder das Label *Islamkritik* tragen. Natürlich kann man Religionen kritisieren, und definitiv gibt es im Hinblick auf den Islam Probleme, die nicht verschwiegen werden dürfen. Allerdings ist der Grat hin zu Verallgemeinerungen und Vorurteilen gefühlt gerade mal so breit wie ein Bindfaden, und generell gilt: Um zu kritisieren, sollte man zumindest einigermaßen wissen, wovon man spricht.

Worauf ich keine Lust mehr habe, sind Menschen, die mit einem Auge die *Reise- und Sicherheitshinweise* des Auswärtigen Amts überfliegen und mir dann erzählen wollen, wie gefährlich Marokko ist.

»Trotz erheblicher Sicherheitsmaßnahmen besteht das Risiko terroristischer Angriffe«, steht da zum Beispiel. »Lassen Sie sich nicht zum Kauf von Drogen verleiten.« Und etwas weiter unten: »Leisten Sie im Fall eines Überfalls keinen Widerstand und versuchen Sie, Ruhe zu bewahren.«

Natürlich machen solche Sätze nicht unbedingt Lust darauf, ein Land zu erkunden, aber es bedarf nur eines Hauchs mehr Recherche, um zu erkennen, dass ein großer Teil von Marokko weder geldgeil noch frauenfeindlich ist und Abzocke, Unterdrückung und Extremismus sicherlich existieren, aber nicht an jeder Ecke und erst recht nicht im Viersterne-Iberostar-Hotel an der Strandpromenade von Agadir.

In den vergangenen Jahren habe ich immer wieder Freund*innen, Kolleg*innen oder entfernte Verwandte von Bekannten vor ihrer Reise beruhigt. Ja, du kannst als Frau alleine in den Supermarkt. Nein, dich verhaftet niemand, wenn Knie und Schultern zu sehen sind. Genau, die politische Lage ist ruhig und stabil. Ja, es gibt Geldautomaten in jeder großen Stadt. Klar, Apotheken auch. Nein, mir wurden noch nie Drogen untergejubelt. Nein, von einer Mafia habe ich auch noch nicht gehört. Sicher, ich kenne einen verlässlichen Fahrer, der euch das Atlasgebirge zeigen kann.

Es sind die immer gleichen Fragen, auf die ich die immer gleichen Antworten gebe, und zwei Wochen später kommen dann die immer gleichen Sprachnachrichten mit den immer gleichen Adjektiven und Ausrufezeichen an den immer gleichen Stellen:

Was für ein tolles Land! Diese Strände und die Berge dahinter! Die Städte waren auch alle schön, aber halt ein bisschen dreckig zwischendurch, und in Marrakech hatten wir alle einmal Durchfall. Trotzdem: geiles Essen! Ich bin jetzt totaler Couscous-Fan übrigens. Gleich schick' ich dir mal Bilder vom letzten Abend, da waren wir bei unserem Guide Abdul zu Hause. Super cooler Typ! Der hat uns auf einmal einfach zu sich eingeladen. Die Videos von der Wüstentour hast du ja wahrscheinlich schon bei Insta gesehen, oder? War auf jeden Fall auch richtig überwältigend, aber wir hatten sehr dollen Muskelkater danach im Hintern, weil sechs Stunden auf 'nem Kamel sind schon ziemlich krass. Ach so, und ich hab' mir neue Hausschuhe gekauft, diese spitzen Leder-Pantoffeln in Rot mit so bunten Bommeln vorne dran. Super günstig, gab's aufm Markt in Essouira für 150 Dirham. Wir wollten erst noch irgendwie verhandeln, aber, ich mein, das sind umgerechnet nicht mal 15 Euro, dafür bekommst du in Deutschland höchstens Flip-Flops. Na ja, wollte ich dir nur kurz erzählen, danke noch mal für die Tipps!

Da ist es auf einmal wieder, das Paradies zwischen Exotik und Gewohnheit. Allein bei Instagram ist der Hashtag #marrakech über 8 Millionen Mal benutzt worden, gefolgt von #marrakechmedina, #marrakechbynight und #marrakechstyle. Auf den Bildern sind Minarette zu sehen, Kakteen, Kamele, Teekannen, gekachelte Innenhöfe, Märkte, Gewürzberge, Palmen und sehr viele weichgezeichnete Menschen aus aller Welt vor bunten Wänden. In diesem Filter-Kosmos wirkt Marokko wie eine einzige lange Fototapete aus heiler Welt in warmen Farben. Sie ist die beste Werbung, die ein Land sich wünschen kann, aber gleichzeitig ein Grund dafür, dass nicht alle in absolut ekstatischer Euphorie zurückkommen.

»Ich hatte es mir irgendwie *noch* ein bisschen schöner vorgestellt«, höre ich immer mal wieder und weiß dann nie, wie ich darauf reagieren soll. Manchmal sage ich einfach, dass es mir leidtäte, was klingt, als hätte ich Marokko in jahrelanger Kleinstarbeit selbst erschaffen und nur aus Versehen ein paar Flüchtigkeitsfehler eingebaut. Ich weiß, ganz blöd mit den bettelnden Menschen am Straßenrand, die müssen mir irgendwie durchgerutscht sein. Hoppla.

Andererseits ist es auch total logisch, dass die Realität enttäuscht, wenn Hunderte bearbeitete Fotos die Grundlage für Erwartungen sind. Durch sie entsteht ein Bild, das ebenso verkürzt ist wie die Reise- und Sicherheitshinweise des Auswärtigen Amts, denn das, was man bei Instagram nicht sieht, ist die hässliche Seite des Landes, die arme Seite, die ekelige Seite, die trostlose Seite. Auch ich verdränge sie manchmal, wenn ich lange Zeit nicht dort gewesen bin, aber Fakt ist: Es gibt in Marokko problematische Gesetze, Korruption und Armut, und es gibt nicht nur sehr gastfreundliche und loyale Menschen, sondern auch Kriminelle, Extremist*innen und Arschlöcher. Gegen vieles davon kann und muss etwas getan werden (zum Beispiel gegen problematische Gesetze, Korruption, Armut, Kriminelle und Extremist*innen), für andere Probleme wird es dagegen niemals eine Lösung geben (zum Beispiel für Arschlöcher). Ich weiß das und sehe die negativen Seiten Marokkos, trotzdem sind sie es, die ich in Gesprächen besonders häufig relativiere oder verteidige. Ein Phänomen, das die meisten Menschen mit Migrationsgeschichte kennen werden. Ein guter Freund, sein Vater ist Russe, hat beispielsweise mal erzählt, dass er in Diskussionen mit Deutschen über Russland nicht selten den Impuls verspürt, Wladimir Putin in Schutz zu nehmen, obwohl er ihn im Kern für einen – ich zitiere – »kalten, dreisten und bösen Mann ohne Charisma und rhetorisches Talent« hält. Objektiv betrachtet ist das also erst mal eine völlig paradoxe Reaktion. Mit subjektivem Blick auf seine Sozialisierung und Herkunft ist der Reflex aber fast schon logisch. Zumindest wenn man ähnliche Situationen aus dem eigenen Alltag kennt. In meinem privaten und vor allem beruflichen Umfeld sind zwar eher selten russische Autokraten Thema, dafür umso häufiger die Sinnhaftigkeit des Fastenmonats Ramadan, die Debatte um Kopftücher und damit einhergehend immer auch die Unterdrückung von Frauen in muslimisch geprägten Ländern. Auf Aussagen wie »Der Islam ist frauenfeindlich« antworte ich meist als Erstes mit einem Verweis auf die Frauenrechtlerin und Soziologin Fatima Mernissi, die nicht nur das Sinnbild einer emanzipierten Muslima war, sondern auch ihr Leben lang zu Geschlechterrollen im Islam geforscht hat. Eine ihrer wichtigsten Thesen lautete, dass die islamischen Glaubensgrundsätze in ihrem Ursprung keine Unterdrückung an Frauen rechtfertigen und auch der Koran im Kern nicht im Widerspruch zu modernen Frauenrechten steht. Frauenfeindlich sei, laut Mernissi, vor allem die patriarchale Auslegung der Überlieferungen, die seit Generationen von Männern für Männer losgelöst von ihrem geschichtlichen Kontext betrieben wird.[1]

---

[1] Hierzu empfehle ich vor allem das Buch *Der politische Harem*, in dem Mernissi an verschiedenen Koransuren und historischen Quellen aufzeigt, wie feministisch die Ansichten des Propheten Mohammed gewesen sind.

Auch etwas, das viele nicht wissen: Marokko hat im Jahr 2004 als erstes mehrheitlich muslimisches Land die Gleichberechtigung der Frau im Familienrecht verankert und sie 2011 in der aktuell geltenden Verfassungsreform weiter vertieft. Zum Beispiel ist darin festgesetzt, dass »Männern und Frauen (...) die gleichen Rechte und Freiheiten von bürgerlichem, politischem, wirtschaftlichem, sozialem, kulturellem und ökologischem Charakter« zustehen. Seit 2018 gelten außerdem härtere Strafen für jegliche Art von sexueller Belästigung, Ausbeutung und Gewalt an Frauen.

Dass es trotzdem viel zu viele gibt, die sich von dem Land, in dem sie leben, verraten fühlen, die von der Gleichberechtigung auf dem Papier wenig spüren, die ihre Sexualität nicht ausleben können, weniger erben als ihre Brüder, nicht lesen und schreiben lernen dürfen und von fremden oder den eigenen Männern misshandelt werden, weiß ich natürlich. Ich habe mit schmerzendem Herzen das Buch *Sex und Lügen* gelesen, für das die marokkanische Bestsellerautorin Leila Slimani mit sechzehn marokkanischen Frauen über ihr Liebesleben, sexuelle Belästigung und den Traum von Selbstbestimmung gesprochen hat. Ich habe die Debatte um den Fall der 17-jährigen Khadija verfolgt, die im Jahr 2018 über Wochen von einer Gruppe von Männern vergewaltigt, gegen ihren Willen tätowiert und misshandelt worden ist. Ihre Geschichte hat im Netz die marokkanische Version der MeToo-Bewegung ausgelöst, und bis heute protestieren Frauen im Land unter dem Hashtag *#masaktach* (»Ich schweige nicht«) gegen sexuelle Gewalt und für ihre Rechte.

Ich möchte natürlich auch nicht schweigen. Trotzdem gehe ich erst mal immer vollautomatisch in die Verteidigungshaltung, wenn ich merke, dass jemand den Islam oder Marokko pauschal kritisiert. Warum? Wahrscheinlich, weil ich in dem Moment das Gefühl habe, so etwas wie ein Sprachrohr zu sein, die einzige Person im Raum, die persönlich mit dem Thema verbunden ist. Jede allgemeine Kritik gegen das Verhalten von Menschen in Marokko ist immer auch ein kleiner Angriff auf meine Identität und damit im weitesten Sinne auf meine Familie. Manchmal möchte ich auch zeigen, dass unter der glatten Schale von Argumenten, die schlüssig und klar klingen, viele weitere Facetten liegen, die man erst mühevoll freilegen muss, um sie tatsächlich zu durchdringen, wobei ich mir dann oft eingestehe, dass ich bei den allermeisten selbst nur an der Oberfläche kratze.

Nicht zuletzt würde es sich auch irgendwie falsch anfühlen, einem Land, für das ich so starke Gefühle habe, aus der Entfernung in den Rücken zu fallen. Klingt etwas irre, ist aber so und gilt im Übrigen auch umgekehrt. Ich ergreife immer sofort leidenschaftlich Partei, wenn jemand in Marokko irgendwas von »überall Nazis« und »Hitler« und »*den* Deutschen« faselt. »Also, erstens gibt es *die* Deutschen nicht«, beginne ich dann meist meine Verteidigungsrede, »und zweitens wird in Deutschland an vielen Stellen viel getan, um das Dritte Reich aufzuarbeiten. Außerdem ist von über 80 Millionen Menschen ein Bruchteil rechtsextremistisch und noch dazu ist Rassismus ja wohl auch in Marokko ein Thema.« Darauf folgt dann entweder Stille oder Gegenrede.

Fakt ist: Genauso wenig wie in Marokko an jeder Ecke ein Mann steht, der Frauen missbraucht, steht in Deutschland an jeder Ecke jemand, der Migrant*innen anfällt. Trotzdem ist sexuelle Gewalt an marokkanischen Frauen wie Khadija ein immenses Problem und rechtsextremistische Anschläge wie in Halle oder Hanau im Jahr 2020 sind es auch.

Es ist unmöglich, einem Land, einer Kultur oder einer Religion auf allen Ebenen gerecht zu werden, immer das Richtige zu fühlen und zu denken und jeden komplexen Zusammenhang vollständig abzubilden. Was wir sehen, sind immer nur winzige Ausschnitte aus einem riesigen Geflecht. Eine etwas unbefriedigende Mischung aus Verkürzungen, Vorurteilen, Erfahrungen und Perspektiven. Ändern können wir das nicht, aber dessen bewusst sein müssen wir uns.

7

Tack-tack, Pause. *Tack-tack-tack-tack-tack,* Pause. *Tack-tack,* Pause.
Tack-tack-tack-tack-tack.

Ein monotoner Rhythmus holt mich zurück in die Medina.
Ohne dass ich es bemerkt habe, sind wir vom Hauptweg abgebogen und stehen jetzt direkt neben einem Mann, der auf dem
Boden sitzt und mit Hammerschlägen einen Topf aus Kupfer
bearbeitet. Im Laden hinter ihm stapeln sich Schalen, Teller
und Tabletts in unterschiedlichen Größen, verziert mit feinen
Mustern oder Schriftzeichen.

»Was machen wir hier?«, frage ich und sehe mich um. Vor
uns liegt ein kleiner Platz voller Menschen, der in flachen Stufen abfällt. Am Fuß der Treppe steht ein Baum, der die Dä-
cher der Häuser überragt und löchrigen Schatten auf die Bo-
denplatten wirft. Er wirkt seltsam deplatziert und gleichzeitig
so, als wäre er schon lange vor den ersten Tourist*innen hier
gewesen. Am oberen Ende der Treppe stehen drei leere Hand-
karren, rund um den Platz befinden sich vereinzelte Läden, gefüllt mit Lampen, Tellern, Kannen, Spiegeln und Schüsseln aus
Metall. Ein Mann poliert mit dem Saum seines Pullovers etwas,
das aussieht wie ein Kelch, ein anderer diskutiert mit einer Frau,
die einen silbernen Kerzenständer in der Hand hält. Obwohl
sie nur wenige Meter entfernt sind, übertönt das schrille *Tack-
tack-tack* des Hammers jedes ihrer Worte. Gut möglich, dass ich
hier schon mal gewesen bin, denke ich, aber vielleicht irre ich
mich auch und sehe diesen Teil der Medina gerade zum ersten Mal.

»Du wolltest doch nach einer neuen Teekanne gucken,
oder?« Ach ja, stimmt. Das hatte ich gesagt.

»Hier müssten wir eine finden.« Mein Vater macht eine ausladende Handbewegung und läuft dann scheinbar wahllos auf einen der Läden zu.

»Weißt du eigentlich, dass ich heute an seiner Stelle sein könnte?«, fragt er, als wir an dem arbeitenden Mann vorbeilaufen, der mittlerweile den Hammer beiseitegelegt hat und mit einem Lappen über den Rand des fertigen Topfes fährt. Tatsächlich könnte er im Alter meines Vaters sein, aber davon abgesehen, finde ich auf den ersten Blick keine Gemeinsamkeiten zwischen den beiden.

»Nein, wieso?«

»Einer meiner älteren Cousins war Kupferschmied. Als ich damals mit elf oder zwölf Jahren gesehen habe, wie schnell er Geld verdient hat und dass er plötzlich mit Werkzeugen umgehen konnte, die ich nicht mal kannte, bin ich zu meinem Vater gegangen und habe ihm gesagt, dass ich auch Schmied werden möchte.« Ich drehe mich noch einmal zu dem Mann am Boden um und versuche mir meinen Vater vorzustellen, wie er mit krummem Rücken und dreckigen Händen Tag für Tag Töpfe ausbeult oder mit Kalligrafien bemeißelt.

»Und was hat Basidi dazu gesagt?«

»Ach, gar nichts. Der hat das einfach ignoriert. Seine Kinder sollten studieren, da gab es keine Diskussion.«

»Was ja erst mal eine ganz gute Einstellung ist, oder? Es hätte ihm ja auch egal sein können, was aus euch wird.«

»Ja, auf jeden Fall. Bei mir war's auch nur eine kurze Phase. Zwei Wochen später wollte ich schon wieder Arzt werden oder Lehrer oder was auch immer. Aber stell dir mal vor, es wäre tatsächlich mein innigster Wunsch geblieben, Schmied zu werden, und mein Vater hätte es mir verboten.«

»Dann würdest du jetzt beim Anblick dieses Platzes wahrscheinlich sehr traurig sein«, erwidere ich und betrete hinter ihm den Laden.

Es ist ein winziger Raum, dessen Regale ebenfalls ausschließlich mit metallenen Gegenständen gefüllt sind. Es riecht nach einer eigenartigen Mischung aus Rost und Deo, und noch bevor wir uns umsehen können, erhebt sich ein Mann aus seinem Stuhl im hinteren Teil des Raumes. Er ist groß und dünn, trägt einen Schnurrbart und ein kariertes Hemd in verschiedenen Brauntönen.

»Salam!«, sagt er und bleibt abwartend in der Ecke stehen.

Wir grüßen zurück und mein Vater erklärt ihm, was wir suchen: »Eine Teekanne für meine Tochter, ungefähr so groß.« Er greift nach einer der Kannen im Regal und klappt den Deckel einige Male auf und zu.

Der Verkäufer wendet sich mir zu und fragt mit rauer schneller Stimme etwas, das ich absolut nicht verstehe. Ich sehe ihn hilflos an, er wiederholt die Frage.

»Ich verstehe nicht, was er möchte«, sage ich auf Deutsch an meinen Vater gewandt.

»Er möchte wissen, ob die Kanne matt oder glänzend sein soll«, erklärt er und der resignierte Tonfall in seiner Stimme verrät mir, dass wir in diesem Laden nun sehr sicher nichts kaufen werden.

»Sag mir einfach genau, was du suchst, Mona, und warte dann beim nächsten Mal am besten kurz draußen.«

Wir stehen wieder auf dem Platz zwischen vorbeiziehenden Menschen aus aller Welt, und obwohl ich weiß, dass mein Vater es nur gut meint, werde ich wütend.

»Tut mir leid, aber der hat extrem schnell und komisch gesprochen, und ich habe die Worte ›matt‹ und ›glänzend‹ noch nie gehört auf Arabisch.« Am liebsten würde ich noch hinzufügen, dass ich keine Kanne mehr brauche, aber das wäre gelogen, und mein Vater steuert schon auf den nächsten Laden zu. Kurz überlege ich, ihm zu folgen, dann bleibe ich doch lieber stehen. Auf keinen Fall möchte ich es ein zweites Mal versauen.

»Sobald ein Verkäufer erkennt, dass jemand aus Europa kommt, verdoppelt er automatisch die Preise.« Diese Regel hatten mein Bruder und ich schon so früh beigebracht bekommen, dass wir als Kinder hin und wieder gespielt angestrengt die Lippen zusammenkniffen oder uns die Hände vor die Münder pressten, sobald wir einen Laden in der Medina betraten. Mittlerweile bin ich sehr gut darin geworden, überall dort, wo gehandelt wird, einen möglichst einheimischen Eindruck zu hinterlassen, und ärgere mich deshalb über meinen Fehler.

Mein Vater winkt aus dem Laden heraus, ich setze mich in Bewegung und stehe wenige Schritte später neben ihm in einem kleinen, vollen Raum, der dem vorherigen zum Verwechseln ähnlich sieht.

»Wie findest du die hier?«, fragt er auf Arabisch, so beiläufig, als hätten wir uns nie anders unterhalten, und hält mir eine kleine Kanne entgegen.

»Sehr schön. Ein bisschen klein, oder?«, antworte ich, ebenfalls auf Arabisch, und schaue mich so entspannt wie möglich in den Regalen um. Kurz darauf halte ich eine Teekanne in den Händen, die mir gefällt. Der Bauch ist schön breit, das Material nicht unnatürlich poliert, und als würden wir einem festgelegten Drehbuch folgen, übernimmt ab jetzt wieder mein Vater.

»Wie viel?«, fragt er und betrachtet die Kanne prüfend von allen Seiten. »250 Dirham«, antwortet der Verkäufer und stützt sich mit einer Hand auf seinem Tisch ab. Mein Vater schaut ihn vorwurfsvoll an, erwidert, dass dieser Preis eine Frechheit sei, und bietet 120. Der Mann lacht und erklärt, er könne maximal auf 210 runtergehen, das würde gerade so seine Kosten decken. Mein Vater stellt die Kanne zurück ins Regal, sagt, er wolle sich hier nicht wie ein Tourist behandeln lassen, und macht Anstalten, den Laden zu verlassen. Noch bevor ich ihm folgen kann, hält der Verkäufer ihn zurück und schlägt 180 vor. Mein Vater holt 150 aus seiner Tasche und legt die Scheine wortlos auf den Tisch. Der Verkäufer sagt »Na gut«, schlägt die Kanne in Zeitungspapier ein und kurz darauf verlassen wir den Laden.

»Siehst du, was ich meine?«, fragt mein Vater, als wir wieder auf dem Platz stehen. »Dafür hätten wir sie bei dem anderen sicher nicht mehr bekommen, nachdem du Deutsch gesprochen hast.«

»Kann sein«, erwidere ich, »aber es fühlt sich einfach nicht gut an, wenn man schlechter behandelt wird, nur weil man aus einem anderen Land kommt.«

Ich verknote die Henkel der Tüte und hänge die Schlaufen um mein linkes Handgelenk.

»Das brauchst du mir nicht sagen«, antwortet mein Vater und klingt plötzlich einen Hauch ernster.

8

Als ich zum ersten Mal Bilderbuch-Nazis in freier Wildbahn sah, wollte ich gerade in ein Käsebrot beißen. Es war der erste sonnige Frühlingstag im Jahr und in allen Wäldern des Landes wurden im Kanon Picknickdecken ausgebreitet und geschmierte Brote ausgepackt. Auf meinem war mein Lieblingskäse, der Runde, Geräucherte mit der dunklen Rinde. Mein Freund, sein bester Freund und ich hatten uns für eine kleine Pause an einen See gesetzt. Zwei Stunden waren wir schon gewandert, zwei weitere lagen noch vor uns. Das Wetter war genial, die Laune auch, der Hunger groß, und obwohl wir am Milchborntal-Weiher im Bergischen Land saßen und nicht am Washita River in Oklahoma, fühlte sich dieser kleine Ausflug nach großer Freiheit an.

Zufrieden zerknüllte ich das Papier in der einen Hand, begutachtete die aufeinanderliegenden Brotscheiben in der anderen und zupfte mit den Zähnen ein Stück Rinde vom Käse ab. Dann hörten wir das erste Bellen. Es war noch einige Meter entfernt, aber es klang so aggressiv und rau, dass wir unsere Blicke hoben und in die Richtung schauten, aus der es kam. Über uns führte ein kleiner Weg zum See hinunter. Von dort kam ein strubbeliger Hund ans Ufer gerannt, bremste scharf ab, beugte sich über die Wasseroberfläche und knurrte sein eigenes Spiegelbild an.

»Der klingt aber ganz schön aggro für seine Größe«, sagte mein Freund mit vollem Mund, und in diesem Moment betraten sie unser Blickfeld. Ein Mann und eine Frau, vielleicht Anfang dreißig, und als meinem Gehirn langsam klar wurde, was es da sah, ließ ich mein Brot wieder sinken.

»Spencer, hier!«, rief die Frau und schleuderte ein paar Meter von uns entfernt einen Stock ins Wasser. Noch während er in der Luft war, sprang der Hund hinterher, aber ich sah nicht ihm zu, sondern seiner Besitzerin, die ihre Hände an einer sehr kurzen Jeans abklopfte und sich zu ihrem Begleiter umdrehte.

Ich weiß nicht, wie viele Dokumentationen ich schon gesehen habe, in denen es um offen rechtsradikale Menschen ging, um knallharte Neonazis, um rassistische Gewalttäter*innen. Auf jeden Fall waren es so viele, dass ich mich im Nachhinein wundere, wie sehr mich der Anblick von Springerstiefeln und Glatzen in diesem Moment noch schockiert hat. Aber er hat mich schockiert. Und wie.

Niemand von uns bewegte sich, als würden in zehn Metern Entfernung keine Menschen am Ufer stehen, sondern Raubtiere. Vorsichtig wanderten meine Augen hinter der Sonnenbrille über die matten schwarzen Schnürstiefel, die tätowierten Beine, die Shorts und die schwarzen Shirts. Auf ihrem war ein weißer Reichsadler zu sehen, auf seinem prangte in altdeutschen Großbuchstaben der Satz »We are from the right side«. Beide hatten kein einziges Haar auf dem Kopf und Tunnel in den Ohren. Könnte man alle Nazi-Klischees an einem Fleck materialisieren, dachte ich, wären diese beiden sehr sicher das Ergebnis.

»Komm, Spencer! Weiter!«, rief die Frau noch einmal, und ich betete stumm, dass sie gemäß ihrer politischen Haltung rechtsherum um den See laufen würden. Links von ihnen saßen wir. Der Hund kletterte aus dem Wasser, schüttelte sich und fing sofort wieder an zu bellen. Ich spürte die warme Hand meines Freundes an meinem unteren Rücken und wusste nicht, ob er sie dort platziert hatte, um mich im Zweifel vor dem Hund oder den Menschen zu beschützen.

Der Mann hob einen zweiten Stock vom Boden auf, holte

aus, warf ihn wieder in hohem Bogen in den See, und während der Hund noch einmal ins Wasser platschte, legte auch er seiner Partnerin den Arm um die Hüfte. So blieben sie einige Sekunden lang stehen, dann machte er den ersten Schritt zur Seite und ging mit ihr den Weg entlang. Rechts herum.

Ich atmete aus und bemerkte erst in dem Moment, wie fest sich meine Faust um die Brotpapier-Kugel geschlossen hatte. Unter meinen Fingerkuppen spürte ich die Furchen, die die Nägel in der Handfläche hinterlassen hatten.

»Wahnsinn«, sagte mein Freund nach ein paar Sekunden in die Stille hinein. Und dann: »Irgendwie komisch, dass Nazis in ihrer Freizeit so normale Sachen machen wie spazieren gehen.«

»Ich bin auch ein bisschen überrascht, dass ihr Auftritt nicht mit Rechtsrock untermalt war«, erwiderte sein Freund, und die beiden lachten halbherzig. Ich lachte mit, noch ein wenig gequälter allerdings, und packte mein Brot wieder ein. Den Blick hielt ich dabei auf die schwarzen Sohlen gerichtet, die sich mit einer viel zu großen Selbstverständlichkeit entfernten, auf die Gesichter, die sich immer wieder suchend nach dem kläffenden Hund umdrehten, mit Augen, die uns gar nicht registriert hatten. We are from the right side. Wir sind von der rechten Seite. Und von der richtigen.

Ich hatte tausend Gedanken im Kopf und sprach keinen davon aus, weil neben mir ein Gespräch über die Zukunft von Kryptowährungen wieder aufgenommen wurde, das ich nicht unterbrechen wollte. Ich tat so, als würde ich zuhören, und nickte an den vermeintlich richtigen Stellen, aber eigentlich war ich ganz woanders: Im Jahr 2002.

Lalla und Basidi waren zum zweiten Mal seit meiner Geburt für ein paar Wochen zu Besuch in Deutschland. Es war Sommer, wir saßen die meiste Zeit zusammen in unserem Garten, und Basidi verbrachte Stunden damit, sich mit meinem Bruder Bälle auf dem Rasen zuzuschießen. Jedes Mal, wenn er besonders gut getroffen hatte, rief er »Hoppa!« oder »Hey!«, und die ganze Zeit hob er dabei den Saum seiner weißen Djellaba rechts und links ein Stückchen an, um nicht darüber zu stolpern. An diese Szene erinnere ich mich vor allem, weil mein Vater sie mit einer Ausdauer und Akribie gefilmt hatte, die darauf schließen lässt, wie glücklich er über dieses Bild gewesen sein musste. Sein Vater und sein Sohn in seinem Garten, beide ausgelassen, beide gesund und beide keine Totalausfälle am Ball.

Wenn ich mir die alten Videofilme anschaue, spiele ich diese ewigen Minuten im Garten immer in dreifacher Geschwindigkeit ab. Dann sieht es ganz kurz so aus, als würde Basidi tanzen, bis plötzlich die Datumsanzeige am unteren Rand des Bildschirms umspringt und ich mit gerümpfter Nase vor dem Affengehege im Tierpark stehe.

Manchmal frage ich mich, ob ich all das auch ohne diese Aufnahmen noch wüsste. Wahrscheinlich nicht, denn ein verdächtig großer Teil meiner Kindheitserinnerungen ist seltsam verwackelt und zu stark herangezoomt.

Eigentlich gibt es nur einen einzigen Nachmittag aus diesem Sommer, den mein Gehirn seit über achtzehn Jahren festhält und nicht loslässt, obwohl ihn niemand gefilmt hat.

Ich hörte eine Folge *Bibi Blocksberg* in meinem Zimmer, als im Erdgeschoss die Tür aufgeschlossen und Tüten im Hausflur abgestellt wurden. Mein Vater war mit Lalla und Basidi im Möbelhaus gewesen, und noch bevor sie die Haustür wieder geschlossen hatten, ertönte die Stimme meines kleinen Bruders: »Mama! Der Papa hat gerade fast einen Mann verprügelt!«

Ich sprang auf und lief die Treppe hinunter. Auf der untersten Stufe blieb ich stehen und sah zu, wie mein Vater aufgebracht im Flur stand und von einem Autofahrer erzählte, der Lalla und Basidi auf dem Parkplatz des Möbelhauses als

»scheiß Schweinetruppe« beschimpft hatte. Er wiederholte die Beleidigungen, die er dem Mann daraufhin ins Autofenster gerufen hatte, alles Worte, die wir eigentlich nicht hören durften, da war ich mir sicher, aber das schien ihn in seiner Rage überhaupt nicht zu stören. Der Mann habe ihm mehrfach Schläge angedroht, sagte mein Vater, und wahrscheinlich wäre die Situation weiter eskaliert, wenn mein Bruder nicht irgendwann angefangen hätte zu weinen.

Ich schaute damals langsam um die Ecke ins Wohnzimmer, wo Basidi sich aufs Sofa gesetzt hatte und Lalla gerade mit einem für sie typischen Seufzer ihr Kopftuch löste. Ich lief zu ihr, und sie drückte mich an ihren weichen Oberkörper. Scheiß Schweinetruppe. Wie konnte jemand so etwas auch nur denken? Mein achtjähriger Kopf verstand damals sicher noch nicht viel, aber eine Sache hatte ich längst kapiert: Die Omas und Opas von Laura und Katharina und Alexandra würde sicherlich niemand als scheiß Schweinetruppe beschimpfen.

Es folgten viele Jahre, in denen rassistische Äußerungen nur vereinzelt ein Thema in unserer Familie waren. Einmal nannte uns ein Nachbarskind »Arabersuppe«, ein anderes Mal rief jemand meinem Vater auf der Straße zu, er solle gefälligst dorthin zurückgehen, wo er hergekommen sei, und im Studium musste ich regelmäßig auf dem Weg zur Universität durch Dortmund-Dorstfeld fahren, vorbei an schwarz-weiß-roten Garagentoren und Wänden mit Nazi-Schriftzügen. Einmal stand eine Gruppe Männer neben mir an der Bushaltestelle, und als sie mich bemerkten, schob einer von ihnen seine Sonnenbrille auf die Stirn, wackelte anzüglich mit den Augenbrauen und rief: »Na, du braunes Mäuschen? Wo kommst du denn her? Dich ham wa hier ja auch noch nie gesehn!«

Nichts auf dieser Welt ist brauner als eure kack Gesinnung, hätte ich am liebsten geantwortet. Stattdessen bin ich zu Fuß zur Uni gelaufen und danach nie wieder in Dorstfeld umgestiegen.

Dass sich meine Erfahrungen mit offenem Rassismus auf diese Handvoll Worte beschränken, liegt daran, dass man mich nicht sofort als *arabisch* oder *muslimisch* identifiziert. Sehr sicher sähe die Bilanz anders aus, trüge ich ein Kopftuch oder einen dunklen Bart. Für Letzteres gibt es einen klaren Beweis: meinen Bruder. Er und ich teilen uns den Nachnamen, die Elternteile, die Vergangenheit und unterscheiden uns erst mal hauptsächlich darin, dass er männlich ist und ich weiblich. Trotzdem musste er vor einigen Jahren auf einer gemeinsamen Reise in die USA unmittelbar vor dem Boarding ein zweites Mal den gesamten Security-Check durchlaufen und sich in einem Raum vor dem Sicherheitspersonal vollständig entkleiden, während ich am Gate stand und mich weigerte, ohne ihn ins Flugzeug zu steigen. Als er irgendwann zurückkam, hielt er ohne ein weiteres Wort seine Bordkarte über den Scanner am Schalter und sein Blick sagte: Alles gut, mach bitte keinen Aufstand, ich will jetzt einfach in Ruhe nach Amerika fliegen.

Weniger gelassen reagierte er nach einem Vorfall in einem Burger-Restaurant, in dem er im dritten Semester seines Studiums als Kellner arbeitete. Nach einigen Wochen entdeckte er ein schwarzes Hakenkreuz an der Wand der Personalumkleide und meldete es dem Restaurantleiter. Kurz darauf mischte ihm jemand in der Küche Schweinefleisch in seinen Feierabend-Burger.

All das ist die offensichtliche Seite von Rassismus. Die plumpe Seite, die mit Reichsadlern auf dem Rücken. Geschichten, die wirken, wenn sich mal wieder jemand fragt, wo im Alltag in Deutschland eigentlich Hass oder Argwohn gegenüber Menschen anderer Herkunft offensichtlich wird. Was in der Masse aber viel schwerer wiegt, ist der latente Rassismus zwischen den Zeilen. Das, was sich für Betroffene nur schwer beschreiben, aber nicht verdrängen lässt. Dass auch mein Vater in Deutschland diesem Alltagsrassismus ausgesetzt ist, hätte mir klar sein müssen. Warum auch sollte ausgerechnet er bisher davon verschont geblieben sein? Es war mir aber nicht klar. Ich sah das Problem als ein gesellschaftliches, las Bücher, Artikel und Posts, hörte Podcasts und führte beruflich und privat Gespräche, in denen Menschen ihre Stimme erhoben, aufmerksam machten und wieder und wieder ihre Erfahrungen teilten. Auf die Idee, mit meinem Vater über dieses Thema zu sprechen, war ich in all der Zeit nie gekommen.

»Erlebst du eigentlich Rassismus im Alltag?«, frage ich ihn nun doch, während wir auf diesem merkwürdigen Platz in der Medina stehen, und die Frage klingt so, als gäbe es eine Chance, dass er gleich den Kopf schütteln und abwinken könnte. Beides tut er natürlich nicht, und als er anfängt zu reden, weiß ich sofort, warum mein Unterbewusstsein all das bisher nie hatte hören wollen. Er erzählt vom skeptischen Beamten, der ihn nach Gehaltsnachweisen fragt und dann ungläubig auf die Zahlen auf dem Papier starrt. Er erzählt von der Kassiererin, die drei Personen vor ihm höflich siezt und sich dann mit einem »Und was willst du?« in seine Richtung dreht. Er erzählt von seeeeeehr deut-licher und lang-samer Aus-spra-che in ersten Gesprächen mit Fremden. Und er beendet seine Aufzählung schließlich mit den Worten: »Das ist alles immer unterschwellig. Auch wenn ich dir jetzt davon erzähle, klingt es ein bisschen so, als wäre ich total überempfindlich und sensibel. Einen Blick oder einen Unterton kann man halt schwer nacherzählen, aber beides bemerkt man immer, und beides kann sich schlechter anfühlen als jedes ausgesprochene Wort.«

Ich nicke, als würde ich nachfühlen können, was er sagt. Dabei stimmt das nicht. Ich kann es mir schmerzhaft *vorstellen*, das schon, aber nachfühlen kann ich es nicht wirklich, denn die Momente, in denen mich jemand latent anders behandelt, weil ich Marokkanerin bin, sind selten negativ.

»Du Glückliche wirst als Weiße gelesen und nimmst trotzdem alle Migrationsvorteile mit«, hat sogar mal eine Kollegin zu mir gesagt, und es klang wie eine Mischung aus Feststellung und Vorwurf. Ich hätte ihr gerne widersprochen, aber ich tat es nicht. Weil ich nicht wusste, wie.

Meine Hautfarbe könnte überall in Deutschland als gesunde Urlaubsbräune durchgehen, mein Name klingt exotisch, aber nicht zu fremd, ich spreche dreieinhalb Sprachen fließend, war als Kind in einer Schach-AG und im Turnverein, habe Förderstipendien bekommen, ein Studium abgeschlossen und arbeite seit Jahren in meinem Traumberuf. Guten Tag, die oberste Sprosse der Privilegien-Leiter lässt grüßen.

Natürlich werde auch ich in Gesprächen gefragt, wo ich herkomme, wobei es nicht selten vorkommt, dass meine Herkunft dann auch noch kommentiert wird mit Sätzen wie: »Ach krass, Marokko. Aha. Ich hätte wetten können, dass du Italienerin / Spanierin / Brasilianerin / Portugiesin / nur   Deutsche bist.« Natürlich finde auch ich das in bestimmten Situationen zehrend und muss immer wieder erklären, warum solche Gespräche diskriminierend sind, selbst wenn vermeintlich ehrliche Neugierde dahintersteckt. Der wichtige Unterschied zwischen mir und Menschen wie meinem Vater ist jedoch, dass ich im Alltag nicht nur nicht unter meiner Herkunft leide, sondern im Gegenteil sogar beruflich von ihr profitiere.

Das Label »jung, weiblich, migrantisch« ist für viele Redaktionen eine Mischung, die mittlerweile in dreifacher Hinsicht interessant klingt, denn die Medienwelt wird noch immer vom Gegenteil dominiert und ist somit alles andere als repräsentativ für unsere Bevölkerung. Etwa ein Viertel der Menschen in Deutschland hat mindestens ein Elternteil, das nicht mit deutscher Staatsangehörigkeit geboren wurde. Unter Journalist*innen, also genau denjenigen, die Vorgänge in unserer Gesellschaft erkennen, aufarbeiten und einordnen sollen, sind es Schätzungen zufolge nicht mal fünf Prozent.

Druck zur Veränderung kommt unter anderem von Organisationen wie den *Neuen deutschen Medienmacher*innen*, einem Netzwerk, das sich seit Jahren für mehr Vielfalt im Journalismus einsetzt. Zum Beispiel durch die Veröffentlichung des deutschlandweit ersten Diversity-Guides, der sich an die Chefetagen von Redaktionen und Medienhäusern richtet und aufzeigt, wieso Diversität in der Medienbranche nicht optional ist und wie sie erreicht werden kann.

Zwar sind die Eintrittshürden in den Journalismus insgesamt hoch (ein abgeschlossenes Studium ist von Vorteil, unbezahlte Praktika die Regel, hohe Bewerbungszahlen normal und die Chancen auf eine Festanstellung meist gering), allerdings konnte eine Studie mit dem Titel *Migranten als Journalisten?* aus dem Jahr 2016 auch zeigen, dass migrantisch gelesene Menschen im Journalismus bewusst seltener eingestellt werden. Nicht nur (unterstellte) fehlende Sprachkenntnisse waren für viele der befragten Entscheider*innen ein Problem, sondern auch bestimmte Religionszugehörigkeiten und die Sorge, dass Menschen mit starkem Bezug zu anderen Kulturen die Werte und Lebensgewohnheiten der deutschen Gesellschaft oder aber die Firmenphilosophie des Medienunternehmens nicht ausreichend akzeptieren könnten. Der Chefredakteur eines großen deutschen Anzeigenblatts gab beispielsweise an, dass eine Redakteurin mit Kopftuch für ihn auch deshalb undenkbar sei, weil sie zu Akzeptanzproblemen unter den Leser*innen führen würde und für ihn außerdem ein »falsches Signal« setze. Das Absurde an diesen Ergebnissen ist, dass fast die Hälfte aller Befragten den Anteil an Migrant*innen im Journalismus für zu gering hält und durchaus Vorteile darin sieht, dass jemand mehr kennt als nur Kirchen und Currywürste.

Noch weiter zugespitzt formuliert: Es ist also durchaus wünschenswert, dass ein*e Journalist*in interkulturelle Kompetenzen hat, dadurch einen breiteren Horizont mitbringt, vielleicht sogar noch eine weitere Sprache, aber bitte keine Grammatikfehler und erst recht keinen Gebetsteppich. Arabischer Name, deutsches Mindset, beste Kombi. Et voilà: C'est moi.

Natürlich weiß ich aus eigener Erfahrung, dass auch weltoffene und tolerante Personen in Chefetagen deutscher Medienunternehmen sitzen, die das Problem erkennen und aus einem inneren Antrieb heraus auf Vielfalt in ihren Redaktionen achten. Ich weiß auch, dass ich gute Arbeit abliefern muss, um einen Job zu bekommen und ihn dann zu behalten. Aber mir ist genauso bewusst, dass ich in den vergangenen Jahren allein durch meine Herkunft schneller ins Blickfeld jener geraten bin, die sich mehr Diversität in ihrem Team wünschen oder von außen unter Druck gesetzt werden, weil ihre Redaktion so vielfältig ist wie eine Schale Pommes ohne Majo. Mein Gefühl ist aber, dass ich mich weder im Bildungsstand noch in meinem Lebensweg oder meinen Erfahrungen im Alltag besonders stark von den anderen Kartoffelspalten unterscheide und somit nur oberflächlich für Vielfalt sorge. Dass das wahrscheinlich nicht stimmt und, wenn doch, immerhin besser ist, als wenn es niemanden interessieren würde, dass in einem Büro nur weiße Menschen sitzen, die im schlimmsten Fall noch alt und männlich sind, ist mir bewusst. Aber es ist wichtig, sich darüber im Klaren zu sein, dass nicht jeder Mensch mit Migrationsgeschichte repräsentativ ist für alle Menschen mit Migrationsgeschichte und dass wir irgendwann vielleicht an dem Punkt ankommen müssen, an dem Diversität kein Quotenthema mehr ist, weil alle Redaktionen, Parteien, Vorstände und Vereine die Vielfalt unserer Gesellschaft ganz natürlich repräsentieren. Irgendwann. Vielleicht.

»Weißt du, was eine Freundin letztens zu mir gesagt hat?«, frage ich meinen Vater nach einer längeren Pause, in der wir schweigend hintereinander durch die Gassen der Medina gelaufen sind und mit unseren eigenen Gedanken beschäftigt waren.

»Was denn?«

»Sie hat gesagt, dass sie ständig vergisst, dass ich auch Marokkanerin bin, weil es – Zitat – *in unserem Freundeskreis niemanden gibt, der deutscher ist* als ich.« Den letzten Teil des Satzes setze ich in imaginäre Anführungszeichen.

Mein Vater lacht und schüttelt den Kopf.

»So, wie du das sagst, klingt es, als hättest du das nicht als Kompliment aufgenommen.«

»Nein, irgendwie nicht.«

»Das freut mich. Und jetzt lass uns Tee trinken gehen!«

9

»Marokko offenbart sein Wesen nur jenen,
die sich die Zeit nehmen, Wasser zu schöpfen
und eine Kanne Tee aufzugießen.«
– Marokkanisches Sprichwort, das in jedem zweiten
Reiseführer steht und trotzdem wahr ist.

Zu den Dingen, für die ich mich in Deutschland schäme, gehört, neben Menschen mit Reichsadlern auf der Brust, auf jeden Fall auch das, was man bekommt, wenn man im Café einen
frischen Pfefferminztee bestellt. Vier Zweige Minze in einem
hübschen Glas mit heißem Wasser für 3,50 Euro. Da freut
man sich über jedes Scheibchen Ingwer, das eventuell auf dem
Grund schwimmt.

»Was ist das denn?«, fragte mein Vater entgeistert, als wir vor
Jahren mal zusammen in einem Café in Köln saßen und die
Kellnerin das dampfende Wasser mit den grünen Zweigen vor
mir auf den Tisch stellte. Natürlich wusste er genau, was das
war. Seine Frage sollte vielmehr eine rhetorisch gut verpackte
Kritik an meiner Bestellung sein, das aber verstand die Kellnerin natürlich nicht.

»Sie wollten doch einen frischen Pfefferminztee, oder?«,
fragte sie und schaute dann verunsichert zwischen meinem Vater und mir hin und her.

»Ja, alles gut. Danke!«, antwortete ich und griff, um das zu
unterstreichen, nach dem Honigtütchen, das zusammen mit einem Löffel und einem Keks in Herzform auf der Untertasse lag.
Mein Vater rührte seinen Milchkaffee nicht an und schaute da-

bei zu, wie genau acht Gramm Honig als feine Schlieren in das fast noch klare Wasser flossen.

»Magst du das?«, fragte er vorsichtig, als sich die gelben Fäden langsam aufgelöst hatten, und diesmal war seine Frage echt.

»Ja, irgendwie schon. Oder sagen wir, ich habe mich daran gewöhnt. Ist halt was anderes als in Marokko, aber es schmeckt zumindest ein bisschen nach Minze.«

Ich hielt ihm mein Glas entgegen und schaute ihn auffordernd an. Er griff danach, trank einen kleinen Schluck, setzte es mit spitzen Fingern wieder ab und sagte nach einer langen Pause: »Mona, das schmeckt nach gar nichts.«

Jetzt sitzen wir wieder zusammen in einem Café, diesmal auf einer Dachterrasse mitten in der Medina von Fès. Von hier sehe ich das Treiben in den Gassen aus der Vogelperspektive. Die Menschen laufen kreuz und quer an Läden und Werkstätten vorbei, einige bleiben stehen, drehen sich um die eigene Achse, fotografieren, schauen auf Stadtpläne und in Geldbeutel. Vor wenigen Minuten waren auch wir noch ein Teil dieses Treibens, jetzt sind wir sehr weit davon entfernt, obwohl gerade mal zwei Stockwerke zwischen uns und denen da unten liegen. Wir befinden uns immer noch am selben Ort wie sie, nur auf einer anderen Ebene. Einer Ebene, die man höchstens erahnen kann, wenn man den Blick an den Hausfassaden entlang in die Höhe wandern lässt.

Immer wieder weisen in der Medina Pfeile mit der Aufschrift *Terrasse sur le toit* oder *Rooftop-Restaurant* in unscheinbare Hauseingänge und Seitengassen, aber auch in Marokko gilt, wie überall auf der Welt: Die schönsten Orte sind nicht ausgeschildert. Deshalb ist außer uns und einer jungen Frau mit einem Buch im Schoß auch niemand hier.

»Voll schön«, stelle ich fest und zupfe ein paarmal vorne an meinem T-Shirt, um etwas Luft unter den dunklen Stoff zu lassen. Über uns hält ein mit Tüchern bespanntes Metallgestell die Mittagssonne davon ab, auf unsere Köpfe zu knallen, trotzdem wabert die gestaute Hitze um uns herum, und meine Unterarme kleben an der Mosaiktischplatte fest. Ich greife nach der laminierten Speisekarte und lege sie sofort wieder zur Seite. Auch sie fühlt sich klebrig an, höchstwahrscheinlich aber aus Gründen, die nicht unbedingt mit der Außentemperatur zusammenhängen. Wir bestellen wieder einen Milchkaffee und einen Pfefferminztee. Außerdem noch zwei frischgepresste Orangensäfte und *Harcha,* eine Art Grießgebäck, das je nach Stimmungslage und Tageszeit wahlweise als Brot oder als Kuchen durchgehen kann. Der Kellner nickt, und erst als er schon wieder die Stufen in Richtung Küche hinunterläuft, fällt mir ein, dass ich noch etwas vergessen habe.

»Entschuldigung?«, rufe ich ihm auf Arabisch hinterher.

»Ja?« Er dreht sich um und kommt zurück.

»Ich nehme den Tee bitte ohne Zucker.«

»Komplett ohne Zucker?«

»Nein, machen Sie ruhig ein bisschen rein. Aber wirklich nicht viel, ja?«

»Nicht viel. Okay, Madame.«

Dieser Dialog mag wie eine belanglose Bestellroutine wirken, ist aber tatsächlich jedes Mal eine hochkomplizierte Gratwanderung zwischen dem Risiko, auf der Stelle an Diabetes Typ 2 zu erkranken oder erneut einen Touristenstempel aufgedrückt zu bekommen.

Pfefferminztee ist in Marokko kein x-beliebiges Getränk unter vielen, sondern so etwas wie ein diplomatischer Alleskönner. Ganz egal, ob in einem Palast oder in einer alten Baracke, ob nach einem gewöhnlichen Abendbrot oder einem Festmahl, ob bei Hochzeiten, Beerdigungen, Verhandlungen, Verlobungen oder Versöhnungen, ein Pfefferminztee gehört dazu und wird auf die immer gleiche Art zubereitet. Als Basis dient loser grüner Tee, der in der traditionellen Kanne aus Messing oder Edelstahl zusammen mit Pfefferminz-Stängeln aufgekocht wird. Aus diesem Grund gehört Marokko weltweit zum größten Importeur von grünem Gunpowder-Tee und hat im Jahr 2019 fast ein Viertel der Teeexporte aus China bezogen. Schätzungen zufolge liegt der Pro-Kopf-Konsum im Jahr bei etwa zwei Kilogramm. Eine Zahl, die durchaus beachtlich ist, über die die Zuckerindustrie aber wahrscheinlich nur müde lachen kann.

Nach einer über 20 Jahre langen Feldstudie kann ich behaupten, die Zuckermenge in den Teekannen marokkanischer Haushalte gut genug untersucht zu haben, um an dieser Stelle eine fachlich fundierte Einordnung vorzunehmen. Tatsächlich ist die Angabe einer genauen Gramm- oder Stückzahl nicht möglich, da die herkömmlichen Zuckerwürfel in Marokko etwa sechsmal so groß sind wie in Deutschland und jede gute marokkanische Hausfrau nur zwei Maßeinheiten kennt, nämlich *Gefühl* und *Erfahrung*. Daher kann die Zuckerdosierung im Tee von *sehr viel* bis *sehr wenig* variieren, wobei *sehr viel* bei jedem Schluck einen stechenden Schmerz in allen Backenzähnen verursacht und *sehr wenig* für deutsche Haferschleim-Gaumen immer noch deutlich zu viel ist. Zwar gibt es mittlerweile auch in Marokko, vor allem in bestimmten Gesellschaftsschichten, ein immer größeres Bewusstsein für gesunde Ernährung, aber in Sachen Tee und Zucker gilt fast flächendeckend die Regel: Mehr ist mehr.

Wenn mich jemand nach dem wichtigsten Satz fragt, den man vor der ersten Marokkoreise auswendig lernen sollte, empfehle ich deshalb stets die Worte »bla soukkar!«. Wörtlich übersetzt bedeutet das »ohne Zucker!«, was bei 80 Prozent der Menschen im Land aber nicht unbedingt dazu führt, dass sie einem den Tee auch wirklich ungesüßt bringen. Viel mehr stehen sie dann in der Küche, gucken besorgt auf das brodelnde gelbgrüne Wasser über dem Gasherd und denken: »Das schmeckt doch nicht, so ganz ohne. Ich mach' nur ein bisschen rein. Okay, noch ein bisschen ... ein Stück noch ... und ein letztes.« Um in Marokko tatsächlich einen Tee ohne Zucker, ohne verständnislose Nachfragen und ohne anklagende Blicke zu bekommen, muss man ihn entweder selbst kochen oder demonstrativ eine Insulinspritze auf den Tisch legen. Genau die hat dazu geführt, dass es bei meinen Großeltern immer auch eine Kanne ohne Zucker gab, denn im Rentenalter hat Basidi erfahren, dass er tatsächlich zuckerkrank ist.

Jahrelang haben alle seine Kinder auf ihn eingeredet, wenn wieder einmal eine versteckte Dose mit Datteln in seinem Zimmer aufgetaucht ist oder er überzuckert zum Arzt gefahren werden musste. Irgendwann, als er sich seinem Schicksal wohl oder übel ergeben hatte, waren dann wir Enkelkinder diejenigen gewesen, die von seiner Affinität für Süßes profitiert hatten. Fünfmal am Tag hörte man Basidis schlurfende Schritte auf den Steinstufen vor der Wohnung, jeweils etwa eine Viertelstunde nach dem Ende des Gebets in der Moschee. Kurz darauf betrat er das Wohnzimmer, sondierte die Lage, grüßte in die Runde und legte auf dem Weg in sein Zimmer kommentarlos ein paar Mitbringsel auf den Tisch. Mal waren das zwei Tafeln Schokolade, mal eine Flasche Limonade, mal Weingummi, oft Kaugummi und selten etwas, dessen Hauptzutat nicht Zucker war. Manchmal stellte ich mir vor, wie er aus der Moschee kam, in seine Schuhe schlüpfte, auf den nächsten Hanout zusteuerte und dort für uns genau das aussuchte, was er seit Jahrzehnten nicht mehr so einfach essen durfte. Die betont beiläufig abgelegten Tüten und Packungen waren seine Art zu zeigen, dass er sich über unseren Besuch freute, denn obwohl er das nicht aussprach, hat niemand jemals daran gezweifelt.

Bis heute denke ich also an Basidi, wenn ich irgendwo in

Marokko eine Schachtel *Trident*-Kaugummi kaufe oder das rot-weiße Papier einer bestimmten Billig-Schokolade aufreiße. Ebenso denke ich aber auch an ihn, wenn ich einen Schluck ungesüßten Pfefferminztee trinke. Dann höre ich sofort das klackernde Geräusch seiner kleinen Süßstoff-Dose und erkenne darin die versteckte Ermahnung, dass es sich als echte (und auch als halbe) Marokkanerin nicht gehört, seinen Tee ohne Zucker zu trinken. Deshalb, und weil ich die fragenden, verwunderten und vorwurfsvollen Blicke der Kellner*innen nicht ertragen kann[2], bestelle ich ihn mittlerweile ein wenig süß, woraus dann meist sehr süß wird. Dabei gilt die gleiche Tatsache wie beim wässrigen Pfefferminztee in Deutschland: Ich habe mich daran gewöhnt.

Der Kellner kommt mit einem gefüllten Tablett zurück auf die Terrasse und stellt unsere Bestellung auf dem Tisch ab. Um meinen Durst zu stillen, stürze ich zunächst den Orangensaft hinunter und widme mich erst dann der Kanne vor mir. Sie ist etwas kleiner als das 150-Dirham-Exemplar, das eingepackt neben mir auf dem Stuhl liegt, und sieht schon etwas mitgenommen aus.

Ich setze den kleinen blauen Griffschutz, der neben der Kanne auf dem Tablett liegt, über den heißen Henkel und mache mich bereit für das, was mindestens genauso wichtig ist wie die richtige Zubereitung von Pfefferminztee, nämlich die Kunst, ihn zu servieren. Dabei zieht man die Kanne während des Gießens so schnell wie möglich so hoch wie möglich und senkt sie in einer fließenden Bewegung rechtzeitig ab, bevor das Glas randvoll ist. Diese Technik habe ich jahrelang heimlich verfeinert, indem ich Wasser in unsere Teekanne in Deutschland ge-

---

2 Wer diese Bandbreite am eigenen Leib erfahren möchte, kann ja mal in der Traditionsmetzgerei im Dorf nach einer veganen Bratwurst fragen.

füllt und es immer wieder aus der Luft in Gläser gegossen habe. Erst kaltes, im zweiten Schritt heißes. Dass dieses spezielle Manöver mehr ist als ein vermeintlich wichtiger Baustein meiner marokkanischen Identität, wusste ich damals noch nicht. Durch das Eingießen in hohem Bogen kommt der Tee nämlich mit besonders viel Luft in Berührung, was die Aromen aller Zutaten verstärken soll. Wichtig ist auch, dass das erste Glas immer wieder in die Kanne zurückgeschüttet wird. Durch dieses Vermischen entsteht im besten Fall eine kleine Schicht aus Luftbläschen an der Tee-Oberfläche, die in Wüstenregionen dafür gesorgt haben soll, herumfliegende Sandkörnchen aufzufangen, sodass sie nicht im Tee landen. Obwohl die Sahara mehrere Hundert Kilometer entfernt ist und Sandstürme in der Medina von Fès eine Seltenheit sind, freue ich mich darüber, dass die Bläschen mir heute besonders gut gelingen und das Tablett bis auf einige wenige Tropfen trocken bleibt.

Ich lehne mich zurück, trinke einen Schluck, verbrenne mir die Zunge und ignoriere das Ziehen in einem besonders zuckerempfindlichen Zahn.

»Und?«, fragt mein Vater und lässt dabei Honig aus einer kleinen Schüssel auf die Harcha laufen. Ich sehe zu, wie aus dem kleinen Berg eine Pfütze wird, und antworte:

»Bisschen süß, aber lecker! Probieren?«

Er nickt, greift nach dem Glas und schiebt mir im Gegenzug den Teller entgegen. Darunter lugt die Rechnung für unsere Bestellung hervor. Die Gesamtsumme für alles, was auf unserem Tisch steht, beträgt 40 Dirham. Umgerechnet etwa 3,50 Euro.

10

Gäbe es eine Lebensmittelpyramide für marokkanisches Essen, würde ihre breiteste Ebene nicht nur aus grünem Tee und Minze (und Zucker!) bestehen, sondern sehr sicher auch aus Olivenöl.

»Das ist lecker *und* gesund«, hat mein Vater immer gesagt, wenn er beim Frühstück sein Brötchen in die dickflüssige Pfütze gestippt und dabei mein angeekeltes Gesicht mit Nutellaflecken in den Mundwinkeln bemerkt hat.

Dazu muss man sagen, dass mein Verhältnis zu Olivenöl als Kind besonders toxisch war, seit ich auf einer Rückfahrt aus dem Sommerurlaub in Südfrankreich mal Apfelsaft aus dem Kofferraum holen wollte und erst zu spät gemerkt habe, dass ich die falsche Flasche erwischt hatte. Das Gefühl von sonnengewärmtem Öl, das einem schwallartig den Hals hinunterrinnt, vergisst man so schnell nicht wieder.

Um dieses Trauma etwas abzumildern und um meinem Bruder und mir ein weiteres Stückchen marokkanischer Nahrungskultur zu vermitteln, versuchte mein Vater uns also nicht nur die geschmacklichen Vorzüge von Olivenöl nahezubringen, sondern auch seine positive Wirkung auf Körper und Geist.

»Guckt euch nur mal Basidis Haut an«, sagte er dann zum Beispiel und deutete mit der tropfenden Brötchenhälfte auf seinen eigenen Handrücken. »Die würde niemals so jung und straff aussehen, wenn er nicht schon sein ganzes Leben lang Olivenöl und Frischkäse essen würde. Jeden Tag. Olivenöl mit ein bisschen Frischkäse und Brot. Das ist das Geheimrezept für ein langes Leben.«

Tatsächlich war Basidis Leben sehr lang. Wie lang genau, weiß allerdings niemand, und meine Vermutung ist, dass auch das ein Teil seines Geheimrezeptes war. Fragte man ihn nach seinem Alter, nannte er meist irgendeine Zahl, die vielleicht gestimmt hat, vielleicht aber auch nicht. Während meiner gesamten Teenagerzeit war er für mich immer 83 Jahre alt, weil er das in einem Gespräch mal behauptet hatte. Als ich mir irgendwann eingestehen musste, dass auch Basidi vom Altern nicht verschont bleiben konnte, sprang ich einfach auf einen Schlag zehn Jahre weiter und bin für den Rest seines Lebens dabei geblieben. Bis heute sage ich, wenn jemand danach fragt, dass er 93 Jahre alt geworden ist, und bin mir gleichzeitig bewusst, dass das sehr wahrscheinlich nicht richtig ist.

Ähnlich wie mir muss es den meisten marokkanischen Kindern und Enkelkindern gehen, denn nur in den wenigsten Schubladen des Landes liegen offizielle Geburtsurkunden, die älter als 60 Jahre sind. Vor allem in abgelegenen Dörfern und ländlichen Regionen wurden und werden nach Geburten keinerlei Daten notiert, geschweige denn Neugeborene bei der Behörde gemeldet. Deshalb zuckte auch Basidi nur mit den Schultern, als man ihn als Kind zum ersten Mal nach seinem Alter fragte. Seine Familie hatte ihn damals aus dem Dorf nach Fès geschickt, um dort zur Schule zu gehen. Bei der Anmeldung verpasste man ihm nach einer schnellen Musterung und ein paar Fragen das Geburtsjahr 1928. Dass er damit nur knapp unter der zulässigen Altersgrenze der Schule lag, erfuhr er erst kurz vor seinem Abschluss und ließ die Zahl daraufhin noch einmal korrigieren, aus Angst, seine Prüfungen nicht wiederholen zu dürfen. Wie genau er das angestellt hat, weiß ich nicht, aber von einem Moment auf den anderen war er zwei Jahre jünger und ist es bis an sein Lebensende geblieben. Die Zahl 1930 gelangte aus der Schulakte in seinen ersten Pass, und man teilte ihm den 1. Januar als Geburtstag zu.

Bei jedem Silvesterfeuerwerk schicke ich deshalb einen kleinen Glückwunsch in den Himmel und widme ihn nicht nur

Basidi, sondern auch seinen Geschwistern, Lalla, diversen Großtanten, -onkeln, -cousinen und im Prinzip auch mehreren Hun-
derttausend anderen Menschen. Da alle Marokkaner*innen
ohne offizielle Geburtsurkunde auf dem Papier am 1. Januar geboren sind[3], wäre die gesamte Nation an Neujahr eine einzige
große Party, hätten Geburtstage dort einen ähnlichen Stellen-
wert wie anderswo. Beinahe hätte ich diese Party sogar selbst
mitfeiern können, denn bei meiner eigenen Geburt habe ich den
1. Januar um gerade einmal viereinhalb Stunden verpasst.

Seitdem zähle ich akribisch die Jahre, die vergehen, und
weiß, genau wie alle anderen Menschen um mich herum, wel-
che Entwicklung des Lebens an welcher Stelle angebracht ist.
Mit sechs sollte man am besten schon schwimmen können, mit
zehn so langsam Ironie verstehen, mit ungefähr 15 die ersten
Schmetterlinge im Bauch, mit 19 den Abschluss in der Tasche
und mit spätestens Mitte 20 eine eigene Wohnung haben. Eine
Frau, die mit 35 noch kein Kind an der Hand hält, kann keinen
Sekt mehr ablehnen, ohne dass jemand zwinkernd auf ihren
Bauch deutet, wer sich mit Mitte 40 ein E-Bike kauft, muss sich
Rentner-Sprüche anhören, und wer mit Ende 50 noch bunte
Sneaker trägt, trauert im besten Fall der eigenen Jugend ein
wenig zu stark hinterher oder steckt im schlimmsten Fall ganz
tief in einer späten Midlife-Crisis. Diese gesellschaftlichen Vor-
stellungen sind wie eine Art ungeschriebener Ablaufplan fürs
Altern. Ein paar Dos und Don'ts, an denen man sich, getaktet
durch die verstreichenden Lebensjahre, entlanghangeln kann,
um nicht unangenehm aufzufallen oder gar unterzugehen. Was
wäre aber, wenn wir, wie Basidi, keine Ahnung hätten, an welchem Punkt des Lebens wir uns gerade genau befinden? Wenn
wir nicht mehr ständig »Langsam müsste ich mal ...«, »Warum
habe ich noch nicht ...« und »Längst sollte ich schon ...« denken,

---

3 Die gleiche Regelung gilt übrigens auch in Deutschland.

sondern die Zeit für andere Dinge nutzen würden? Zum Beispiel für das Essen von sehr viel Olivenöl, denn das ist nicht nur lecker und gesund, sondern kann in angespannten Lebenslagen auch ein grandioser Eisbrecher sein.

Den Beweis dafür lieferte mir der erste Abend, an dem ich bei einer mir völlig fremden Familie in Agadir am Esstisch saß und keinen Bissen hinunterbekam. Es ging mir in dem Moment so, wie es nun mal einer Sechzehnjährigen geht, die gerade ihre echte Familie und alle Freunde in Deutschland verlassen hat, um für ein Jahr über 3000 Kilometer weiter südlich zu leben und zur Schule zu gehen. Aufregung, Heimweh und Unsicherheit übernahmen abwechselnd die Kontrolle, und ich versuchte all das mit aller Kraft hinter einem tiefenentspannten und aufgeschlossenen Gesicht zu verstecken. Ich wollte nicht nur so cool wie möglich rüberkommen, sondern auch so marokkanisch wie möglich, und obwohl sich meine Speiseröhre anfühlte, als hätte sie jemand in Höhe des Schlüsselbeins mit einem dünnen Bindfaden zusammengeschnürt, riss ich betont beiläufig ein Stück Brot ab und tunkte es in einen kleinen Teller mit Olivenöl, der zwischen all den anderen Speisen vor mir auf dem Tisch stand. Genauso, wie ich es bei meinem Vater schon Hunderte Male gesehen hatte.

Was dann passierte, wirkt retrospektiv wie die erste Szene einer Folge *Modern Family:* Alle sechs Personen am Tisch hielten gleichzeitig inne, Blicke wechselten von rechts nach links, dann richteten sich alle Augenpaare wieder synchron auf die Teller. Innerhalb von Sekundenbruchteilen versuchte ich meinen Fehler zu erkennen, aber da meine Hand schon fast auf Mundhöhe angekommen war, schien es mir am unauffälligsten, die Bewegung einfach durchzuziehen. Das Brot berührte meine Zunge, und es war, als würde sich mein Kindheitstrauma aus dem Urlaub in Südfrankreich umstülpen. Während mein Gehirn noch dabei war, den Geschmack zu verarbeiten und einzuordnen, rief der jüngste Sohn der Familie: »Ihh! Brot mit Ananassaft!« Seine Mutter warf ihm einen Blick zu, der sagte: »Sei bitte ruhig, lass sie essen, was sie will, und beim nächsten Mal holst du dir gefälligst einen sauberen Teller, wenn du etwas verschüttet hast, ja?«

Der Kleine wurde rot und schaute vorsichtig zu mir herüber. Dann fragte er leise: »Isst man das so in Deutschland?«

Ich schluckte die labbrige, süße Pampe hinunter, merkte, wie sich meine Gesichtsfarbe der seinen anpasste, und schüttelte den Kopf. Dann lachten wir alle zum ersten Mal zusammen. Zoom out, Vorspannmelodie ab.

Das war der Start in ein Jahr, für das ich eine klare Mission hatte: Ich wollte Marokko endlich kennenlernen. So richtig. Den Teil, der mehr Zeit braucht als nur zwei Wochen, den Teil, der Alltag ist, normales Leben, gute und schlechte Tage ohne die Unterstützung meines Vaters, ohne Lalla und Basidis Garten vor der Nase und erst recht ohne Animateure und eine weitläufige Poolanlage auf dem Gelände. Letztere, das wurde mir klar, als wir nach meiner Landung in einem weißen SUV vor einem großen Anwesen im reichsten Viertel der Stadt hielten, würde trotzdem Teil meines neuen Alltags werden. In dem Haus, das für die kommenden Monate mein Zuhause sein sollte, gab es nicht nur ein Schwimmbad im Garten und Marmorböden auf jeder Etage, sondern auch einen Wachmann mit eigenem Häuschen vor der Einfahrt, mehrere Gärtner und eine Haushälterin. Es gab ein Bad für Gäste, eins für die Eltern, eins für die Söhne, eins für die Töchter und eins für die Putzfrau. Es gab genauso viele Küchen wie warme Mahlzeiten am Tag (2), genauso viele Sofas wie Familienmitglieder (6) und genauso viel Platz wie Geld auf den Konten (gefühlt unendlich).

Ähnlich sah es bei denjenigen aus, die sehr bald meine Freund*innen wurden. Sie hatten Chauffeure und Ankleidezimmer, Nachhilfeunterricht bei Professoren und große Pläne für die Zukunft. Die Jungs träumten von schnellen Autos, die Mädchen von Sixpacks aus amerikanischen Highschool-Serien. Die einen schliefen draußen mit Fremden und drinnen in perfekt designten Kinderzimmern, die anderen gingen jede Woche zum Friseur, trugen Designerhandtaschen und wurden wegen zu kurzer Kleidung zum Direktor gerufen. Mein neues Umfeld in Agadir war wie ein mondänes Abziehbild von dem Marokko, das ich kannte. Der Alltag, in den ich eintauchte, fühlte sich an wie die Eliteversion meiner Erwartungen, wie die marokkanische Ausgabe der ersten Staffel von *Gossip Girl* und natürlich gewöhnte ich mich viel zu schnell an diesen neuen Lifestyle. Ich wurde morgens zur Schule gebracht und nachmittags zum Ballettunterricht, ich bekam private Arabischstunden und Einladungen zu großen Festen, ich habe gut gegessen, selten bezahlt und viel geshoppt. Die meisten Menschen um mich herum waren bei alldem herzlich und gastfreundlich, einige führten trotz verhältnismäßigem Wohlstand ein bescheidenes Leben, legten Wert auf Traditionen und ein ehrliches Miteinander. Andere stellten ihren Reichtum dagegen offen zur Schau, genossen den Luxus, nutzten jede noch so kleine Möglichkeit, um zu zeigen, was sie besaßen, und nicht selten war dieses Verhalten mit oberflächlichem Denken und allerlei Unehrlichkeit verbunden. Ich hatte das Gefühl, dass nur wenige meiner neuen Freund*innen mit ihren Eltern über Probleme und Sorgen sprechen konnten. Insgesamt waren die Grenzen dessen, was getan oder gelassen wurde, ein unförmiges Gemisch aus familieninternen Regeln, gesellschaftlichen Konventionen, Respekt vor den Konsequenzen auf der einen und jugendlicher Neugier auf der anderen Seite. Alles war in der Theorie einfach zu haben und kompliziert in der praktischen Umsetzung. Frischverliebte Paare trafen sich nur heimlich, zur Not im Hotel, Alkohol und Drogen waren nie Thema, aber in vielen Situationen trotzdem präsent, Gefühle wurden zu Hause verschwiegen, Nagellack oder Lipgloss vor dem Feierabend der Väter entfernt. In all den Monaten habe ich nicht einmal erlebt, dass jemand in meinem Alter offensiv gegen die eigenen Eltern, allgemeine Normen oder religiöse Bräuche rebelliert hat. Trotzdem gab es diese Auflehnung jeden Tag, nur eben respektvoll verschleiert durch die Hintertür. Eine komplette Generation um mich herum tat ständig Dinge, die für ihr Alter in meinen Augen völlig normal waren und die alle Generationen vor ihr so oder so ähnlich sicherlich auch getan hatten. Aber während die Jungen sich sehr viel Mühe gaben, das vermeintlich Verbotene in ihrem Alltag zu verheimlichen, schienen die Alten so zu tun, als wäre ihre eigene Jugend in ihren Gedächtnissen nicht mehr als ein großes weißes Loch.

Dass es sich bei dieser Beobachtung nicht um ein rein marokkanisches Phänomen handelt, war mir nach Jahren der Pubertät in Deutschland durchaus klar, jedoch schienen die Grenzen in Marokko viel häufiger kollektiver Natur und weniger individuell bestimmt, nämlich immer dann, wenn sie von religiöser und damit automatisch auch von kultureller Seite gesteckt wurden. Auch die Varianz zwischen strengen und lockeren Eltern bewegte sich in einem für mich ganz neuen Radius. In Deutschland wurden die Freundinnen mit den strengsten Eltern um spätestens Mitternacht von jeder Party abgeholt, in Marokko durften sie im schlimmsten Fall kaum das Haus verlassen. Nachdem ich einer von ihnen erzählt hatte, dass ich jeden Sonntagvormittag an den Strand führe, um am Meer eine Runde zu joggen, fragte sie beim Abendessen ihre Eltern, ob sie mich mal begleiten könne. Nicht mal 48 Stunden später stand ein professionelles Laufband vor ihrem Zimmer im Hausflur, und damit hatte sich das Thema »Sport am Strand« für sie offiziell erledigt.

Eine andere Freundin durfte sich nur dann in der Stadt verabreden, wenn eine ältere Cousine oder ihre große Schwester sie begleiteten. Meist setzten die sich dann in einiger Entfernung in ein Café und passten auffällig unauffällig auf uns auf, was natürlich durchaus unentspannt, aber immerhin besser war als das Schicksal einer dritten Freundin, mit der ich nur dann etwas trinken gehen konnte, wenn ihre Eltern verreist waren. Und um das klarzustellen: Wir sprechen hier nicht von einem Wodka Soda um zwei Uhr morgens im Club, sondern von einem Orangensaft am Samstagnachmittag in der Innenstadt. Insgesamt kann ich die Freundinnen, die ich regelmäßig außerhalb der Schule und außerhalb ihrer eigenen vier Wände gesehen habe, an einer Hand abzählen, und hätte mein Vater nicht in einem Telefonat mit meinem Gastvater klargestellt, dass er möchte, dass ich in meinen Monaten in Marokko gewisse Freiheiten habe, würden meine Erinnerungen an das Jahr heute sicherlich um einiges eintöniger ausfallen.

Zum ersten Mal stellte ich bewusst fest, wie locker meine Erziehung im Vergleich zu derjenigen vieler anderer Mädchen mit marokkanischen Vätern war, und ärgerte mich, dass es für diese Erkenntnis erst ein Dutzend Gegenbeispiele gebraucht hatte. Außerdem fragte ich mich, an was es den immer besorgten und übermäßig verbissenen Eltern in Marokko mangelte, die ich in der Zeit dort kennengelernt hatte. Vielleicht war es manchmal gar nicht das Vertrauen in ihre Kinder, das fehlte, sondern die Kraft, gegen gelernte Konventionen zu verstoßen. Oder die Lust, Nachbarinnen tratschen zu hören. Oder die Überzeugung, dass man Fehler machen muss, um daraus etwas Wichtiges fürs Leben zu lernen. Oder etwas ganz anderes, das ich einfach nicht sah.

Wenn ich mich heute frage, ob ich Marokko in diesem einen Jahr nähergekommen bin, fällt mir die Antwort nicht leicht. Einerseits hatte ich das Gefühl, das Land tatsächlich besser kennenzulernen und zu verstehen, aber gleichzeitig stellte ich immer wieder fest, dass ich doch nur eine Zeit lang auf einer seiner schillerndsten Bergspitzen gestanden hatte. Zum ersten Mal überkam mich dieses Gefühl zum Ende des Fastenmonats Ramadan, an jenem Tag, an dem Muslim*innen als eine ihrer religiösen Pflichten, *Zakat al-Fitr* genannt, Geld an Bedürftige spenden. Wir fuhren mit dem Geländewagen der Familie durch Agadir und verteilten Scheine an Obdachlose, die dicht an dicht auf den Bordsteinen saßen. Die meisten senkten dankbar den Blick, wenn sie nach dem Geld griffen, andere sagten mir, dass Gott mich und meine Familie für immer beschützen möge, und jedes Mal nickte ich nur ein bisschen verlegen zu ihnen hinunter und ging weiter. Ich mochte, was wir taten, immerhin halfen wir Menschen, denen es offensichtlich schlechter ging als uns, aber je häufiger wir mit einem neuen glatten Geldstapel in der Hand ausstiegen und ohne ihn weiterfuhren, machte sich in mir ein komischer Beigeschmack breit. Am Ende des Tages, als ich übersatt und erschöpft neben meiner Gastschwester im Bett lag, horchte ich in mich hinein, ob dort Erlösung, Dankbarkeit oder Stolz zu finden waren. Aber ich fühlte mich einfach nur auf eine unangenehme Art überprivilegiert.

Ähnliches passierte einige Wochen später bei einem der größten Ereignisse, das Agadir zu bieten hat. Wie in jedem Jahr verwandelte sich der Strand an seinem breitesten Abschnitt kurz vor der Marina für einen Abend im Oktober in ein gigantisches Open-Air-Konzertgelände. Wochen vorher gab es kaum ein anderes Thema in der Stadt als das große *Concert pour la tolérance,* und noch bevor die ersten Pfeiler der Bühne standen, hatte mir schon irgendjemand in meiner Klasse ein VIP-Bändchen zugesteckt. Am Tag des Konzerts stand ich also mit ein paar Freunden (alle männlich) in einem abgetrennten Bereich vor der Bühne und erlebte einen der besten Abende in meiner gesamten Zeit in Marokko. Wir tanzten, wir sprangen, wir schwitzten, wir lagen uns in den Armen und hatten dabei nicht nur eine fantastische Sicht auf die Show, sondern auch jede Menge Platz um uns herum. Erst in der Dunkelheit, auf dem Weg zum Ausgang, wurde mir bewusst, dass 150 000 andere Menschen seit Stunden dicht gedrängt hinter den Absperrungen im öffentlichen Teil des Strandes gestanden und die Köpfe gereckt hatten, um einen Blick auf den zu dieser Zeit in Deutschland noch völlig unbekannten Rapper Maître Gims zu erhaschen. Ich sah Polizisten, die Jugendliche davon abhielten, über die Absperrungen zu klettern, ich sah Kinder hinter den Zäunen, die Klebstoff schnüffelten, und noch Tage später hörte ich von Schlägereien, von Diebstählen und von Notarzteinsätzen nach Schwächeanfällen in der Menschenmasse. All das gehörte nicht zu der Welt, in der ich lebte, und obwohl ich einerseits froh darüber war, beschlich mich nach und nach das Gefühl, mit vergoldeten Scheuklappen am Großteil von Marokko vorbeizuleben. Vielleicht tue ich das manchmal noch heute.

In ihrem sogenannten *Human Development Index* (kurz HDI), bewerten die Vereinten Nationen jedes Jahr die Lebensqualität in allen Ländern der Welt. Als Maßstab gilt dabei nicht nur das Pro-Kopf-Einkommen, sondern auch die Lebenserwartung bei der Geburt und das jeweilige Bildungsniveau eines Landes. Anhand verschiedener Einzeldaten wird so eine Rangliste erstellt, die den Stand der durchschnittlichen Entwicklung weltweit angeben soll.

Beim Blick auf das aktuelle Ranking war es für mich nicht weiter verwunderlich, Deutschland hinter Ländern wie Norwegen, der Schweiz oder Irland auf Platz neun zu sehen. Die Tatsache, dass Marokko auf Platz 123 von 189 gelandet war und damit schlechter abschnitt als Vietnam, Palästina oder Ägypten, überraschte mich dagegen sehr. War mein Bild des Landes so verzerrt? Oder stimmte etwas mit der Tabelle nicht? Ich suchte nach Texten, die die Vergleichskriterien des HDI kritisierten, fand Tabellen, in denen lediglich die Wirtschaftskraft der Länder verglichen wurde, freute mich, dass Marokko in diesen Fällen besser abschnitt, und musste mir irgendwann eingestehen, dass ich dabei war, mir die Realität schönzugoogeln.

Also zurück zu den Fakten: Etwa ein Fünftel der Bevölkerung in Marokko ist von absoluter Armut bedroht. Der Durchschnitt der erwachsenen Personen ist gerade mal knapp sechs Jahre zur Schule gegangen und entsprechend verbreitet ist auch der Analphabetismus. Nicht nur zwischen Männern und Frauen gibt es weiterhin immense Unterschiede, sondern auch zwischen Arm und Reich. Aufgrund von schlechter Infrastruktur und fehlender Schulbildung ist Armut vor allem in ländlichen Regionen ein Problem, und nicht zuletzt ist eine starke Landflucht der Grund dafür, dass sich die Vororte großer Städte wie Casablanca oder Rabat in Meere aus rudimentären Wellblechdächern verwandelt haben. Seit vielen Jahren versucht die marokkanische Regierung, etwas gegen diese sogenannten *Bidonvilles* zu unternehmen, doch allen Räumungen und staatlich finanzierten Wohnungsbauprojekten zum Trotz wachsen sie weiter.

Viel sichtbarer als die großen Slums sind jedoch die kleinen Baracken mitten in den Städten. Man findet sie in vergessenen oder ungenutzten Lücken, manchmal sogar in direkter Nachbarschaft zu besseren Wohnsiedlungen oder Villenvierteln. Während die einen also ihre elektrischen Garagentore herunterfahren und die Bougainvilliers an ihrer Grundstücksmauer gießen lassen, beschweren andere die blaue Folie auf ihrem Dach mit alten Autoreifen und verbrennen Müllberge an der nächsten Straßenecke. Nie ist mir die Absurdität dieser beiden Parallelwelten so bewusst geworden wie in der Zeit, als ich selbst ein Teil von ihr war.

Während ich in der Hollywoodschaukel im Garten unter den hauseigenen Palmen lag, fing ich an, mich zu fragen, was wirklich wichtig ist im Leben und ab welchem Punkt finanzieller

Wohlstand für allgemeine Zufriedenheit maßgeblich ist. Das Zwischenergebnis meiner Überlegungen erschien mir damals mit 16 Jahren wie eine zentrale Erkenntnis fürs Leben: Geld ist alles andere als ein Garant für Glück, aber es kann eine ganze Menge erleichtern. Vor allem in einem Land, in dem man sich gute ärztliche Versorgung, gute schulische Ausbildung und somit auch gute Aussichten für die eigene Zukunft erkaufen muss.

Heute habe ich nur noch selten Kontakt zu meinen marokkanischen Freund*innen von damals, aber schreibe oder spreche ich mit ihnen, dann scheint es, als müssten sämtliche Statistiken zur hohen Jugendarbeitslosigkeit im Land gefälscht worden sein. Jede und jeder von ihnen ist auf die eine oder andere Weise den Weg gegangen, der sich schon vor Jahren im Lycée abgezeichnet hatte. Niemand von ihnen musste jemals in einem Callcenter sitzen, Drogen verkaufen oder mit der Idee spielen, an einem verlassenen Küstenstreifen in ein Schlauchboot Richtung Spanien zu steigen. Ihre Lebensläufe lesen sich fast ausnahmslos wie Best-Practice-Beispiele aus einem Seminar mit dem Titel *Schwiegereltern beeindrucken leicht gemacht:* Nach dem Abitur an der Privatschule in Agadir ging es für den einen zum Zahnmedizinstudium nach Casablanca, für den nächsten zum Architekturstudium nach Paris. Eine Freundin ist mittlerweile Interior-Designerin in Madrid, eine andere ist Account-Managerin bei einer großen marokkanischen Bank und eine dritte hat gerade ihren Master in Wirtschaftsrecht an der berühmten Sciences Po in Paris abgeschlossen. Wahllos suche ich bei *LinkedIn* nach weiteren Namen, an die ich mich erinnern kann, und sehe: Software-Engineering in Montreal, Logistik in Rennes, Modemanagement in Berkeley und Marketing in Toulouse. Nach einer halben Stunde loser Recherche zähle ich genau drei ehemalige Mitschüler, die Marokko weder zum Studium noch zum Arbeiten verlassen haben.

Ich denke an meine ersten Schulwochen in Agadir zurück, die hauptsächlich daraus bestanden hatten, dass ich in jeder großen Pause Fragen zu Europa und Deutschland beantworten musste. Anders als ungefähr jede zweite Highschool in den USA hatte meine Schule in Marokko vor mir in ihrer Geschichte noch keine Austauschschülerin zu verzeichnen, und das machte mich dort mit dem Tag meiner Ankunft zum Zentrum aller Aufmerksamkeit. Nie wieder habe ich mich so beliebt gefühlt wie auf dem Pausenhof in Agadir. Egal, wo ich stand, war ich umringt von einer Traube aus Mädchen, die mit mir befreundet sein wollten, und von Jungs, die sich offensichtlich mehr erhofften als das. Später erfuhr ich, dass in der Abiturklasse sogar Geldwetten abgeschlossen worden waren, wer mich wohl als Erstes »rumbekommen« würde.

Alle stellten immer wieder die gleichen Fragen: »Stimmt es, dass man auf deutschen Autobahnen so schnell fahren kann, wie man will?«, »Warst du schon mal in Schweden?«, »Haben deine Eltern dich von zu Hause weggeschickt?«, »Woher ist deine Kette?«, »Magst du BMW oder Mercedes lieber?«, »Hattest du schon mal Sex?«, »Kommst du aus Frankfurt?«, »Wie ist es in Berlin?«, »Wollen wir mal einen Tee trinken gehen?« Zunächst war ich überglücklich, weil ich Anschluss fand, indem ich einfach nur anwesend war. Dann war ich überfordert, weil ich an einem Tag über 300 neue Freundschaftsanfragen bei Facebook bekam, zum Teil von Menschen, die nicht einmal meine Schule besuchten. Und schließlich war ich erleichtert, als sich der Ansturm nach und nach legte und die Ersten anfingen, mich als *Mona* wahrzunehmen und nicht als *Die Neue aus Deutschland*. Das Gewusel um meine Person flachte ab, aber die allgemeine Faszination für jedes noch so kleine Detail, das mit meinem Leben in Europa zusammenhing, spürte ich bis zum Tag, an dem ich wieder ins Flugzeug stieg.

11

Beim Wort »Europa« nickt die Frau am Straßenrand langsam, und der unförmige Berg, den sie mit einer Hand auf ihrem Kopf trägt, wackelt dabei vor und zurück. Das Nicken ist kein zustimmendes, sondern vielmehr eins der Sorte *Ich habe keine Ahnung, wovon du sprichst*. Mein Vater rutscht in seinem Sitz ein Stück nach vorne, kramt kurz in seiner Hosentasche und streckt ein paar Dirham zusammen mit einer kleinen Wasserflasche durch das Beifahrerfenster nach draußen. Als wir weiterfahren, schaue ich durch die Rückscheibe, bis die Frau langsam als feiner Strich im Staub verschwindet.

»Wahnsinn, oder?«, sagt mein Vater und kurbelt sein Fenster wieder nach oben.

»Was?«, frage ich zurück. »Dass sie Europa nicht kennt?«

»Ja. Ich meine, wir sind hier ja nicht auf einer einsamen Insel oder so. Wir sind gerade mal zwei Fahrtstunden von Fès entfernt und zwei Flugstunden von Frankreich. Und wenn sie Europa nicht kennt, dann kennt sie wahrscheinlich auch Amerika nicht und Edward Snowden und den Klimawandel und ...«

»... Tiktok.«

»Was?«

»Ach nichts.«

Ich schaue aus dem Fenster auf die trockenen Felder, die grünen Berge dahinter, vereinzelte Bäume, noch vereinzeltere Esel und die Straße, die sich als graue Schlangenlinie durch die Landschaft zieht. Auf einem der Berge links von uns erkenne ich eine kleine Gruppe von Lehmhäusern, ansonsten weit und breit nichts, das auf menschliches Leben schließen lässt. Es fühlt sich an, als wäre ich seit Jahren nicht mehr in einer richtigen Stadt gewesen, dabei saßen wir vor wenigen Stunden noch im Café Titanic beim Frühstück.

»Papa?«, hatte ich gefragt, während er gerade etwas in sein Handy tippte.

»Ja?«

»Ich hab' gestern auf dem Weg in die Medina überlegt, wie viele Kontakte du unter ›Taxifahrer Mohammed‹ abgespeichert hast.«

Es war eine Sekunde vergangen, dann hatte er aufgeschaut und gelacht.

»Viele! Soll ich nachgucken?«

Ich zuckte mit den Schultern und behielt mein Grinsen im Gesicht, während er suchte.

»Hier.« Er drehte das Display um, und ich las laut vor: »Taxifahrer Mohammed. Taxifahrer Mohammed Agadir. Taxifahrer Mohammed nett. Taxifahrer Mohammed neuer Mercedes. Taxifahrer ...«. Ich stockte kurz. »... Mustafa Fès.« Aha, es fahren also doch nicht nur Mohammeds Taxi in Marokko. Mein Vater schaute einen Moment lang nachdenklich auf die Kontaktliste im Handy, dann über den Rand des Telefons hinweg in die Ferne, fuhr sich mit Daumen und Zeigefinger über den kurzrasierten Bart und drückte schließlich seine Unterlippe in der Mitte zusammen. Ich erkannte darin das in der Welt der Väter geläufige Zeichen für *Lass mich mal kurz nachdenken* und trank schweigend meinen Tee aus. Etwa eine Stunde später saßen wir bei Taxifahrer Mustafa Fès im Auto und fuhren aus der Stadt hinaus in Richtung Gebirge.

»Gucken wir uns jetzt das Dorf an, in dem Lalla und Basidi sich kennengelernt haben?«, fragte ich vom Rücksitz aus, weil ich noch immer keine Ahnung hatte, wo er uns hinbringen sollte. Die Antwort meines Vaters war so präzise wie ungenau:

»Nein«, sagte er nur, dehnte das Wort etwas länger als gewöhnlich und drehte die Klimaanlage auf. Ich erkannte darin das in der Welt der Marokkaner*innen geläufige Zeichen für *Warte doch einfach mal ab* und tat genau das.

Wir saßen diesmal nicht in einem kleinen Peugeot, sondern in einem beigegelben Mercedes, dem Klassiker unter den *Grands Taxis* in Marokko. Schon beim Einsteigen hatte ich mit etwas Enttäuschung festgestellt, dass Taxifahrer Mustafa Fès ohne *Hello Kitty*-Figur auf seinem Armaturenbrett unterwegs war. Dafür hatte er seinen Sitz mit einer dieser Massagematten bespannt, die aus vielen kleinen Holzkugeln bestehen. Auch die sind weit verbreitet in marokkanischen Autos, und jahrelang habe ich mich gefragt, wieso sich dieses Trendteil nie in Deutschland durchgesetzt hat. Eine kurze Internetrecherche lieferte die Antwort, denn das erste Ergebnis, das Google mir auf das Stichwort *Holzkugelmatte Auto* vorschlug, war ein Artikel mit der Überschrift:

Warnung des ADAC:
Warum Holzkugel-Sitzauflagen gefährlich sind[4]

Ich überlegte kurz, ob ich Taxifahrer Mustafa Fès über sein leichtsinniges Verhalten informieren sollte, entschied mich aber schließlich dagegen, weil er sehr wahrscheinlich in seinem Leben mehr Stunden hinter einem Steuer verbracht hatte als alle deutschen ADAC-Mitarbeiter*innen zusammen.

»Weißt du, wie viele Kilometer das Auto hier schon weghat?«, fragte mein Vater, nachdem wir eine Weile geschwiegen hatten. Dabei klopfte er behutsam auf das Stück Kunststoff

---

4   Die Antwort in der Kurzversion: Bei einem Unfall kann der auf Kugeln sitzende Fahrer unter dem Gurt hindurchrutschen.

über dem Handschuhfach, als hätte er Sorge, den wahrscheinlich etwas in die Jahre gekommenen Airbag auszulösen.

»Wie alt ist es denn?«, fragte ich zurück, um ein bisschen Zeit zu schinden, und überlegte gleichzeitig, was wohl eine hohe, aber immer noch realistische Kilometerzahl für ein altes Auto sein könnte.

»1996«, kam es vom Beifahrersitz und Taxifahrer Mustafa Fès nickte stolz. Puh, gab es da überhaupt schon Airbags?

Ich schielte vorsichtig auf den aktuellen Kilometerstand hinter dem Lenkrad. Die Sonne schien auf die Anzeige, deshalb konnte ich die Zahl nicht genau erkennen, aber am Anfang stand eine Acht und es folgten viele weitere Ziffern.

»Hmm, ich schätze mal ... irgendwas um die 800 000?«, sagte ich und versuchte unsicherer zu klingen, als ich war. Taxifahrer Mustafa Fès lachte und schüttelte den Kopf.

»Der Zähler hier ist schon einmal durchgelaufen«, sagte er und klang dabei, als würde er über sein Kind sprechen, das gerade in Oxford einen Doktortitel in Nanotechnologie erlangt hat. Dann endlich folgte die Auflösung des Kilometerstand-Krimis: »Bald bin ich bei zwei Millionen!«

Zwei Millionen. Wow. Klingt ... viel.

»Das ist ungefähr so viel wie 50 Mal um den Äquator«, erklärte mein Vater, und ich nickte, wieder einmal beeindruckt von seiner Fähigkeit, immer zur richtigen Zeit die richtigen Zahlenvergleiche parat zu haben. Taxifahrer Mustafa Fès guckte zufrieden durch den Rückspiegel, und ich ließ ihn in dem Glauben, dass meine Anerkennung der Fahrleistung seines Autos galt.

Kurz darauf muss ich eingeschlafen sein, denn als ich aufwachte, hielten wir gerade an einer kleinen Bucht neben der Straße. Taxifahrer Mustafa Fès stieg aus und bedeutete uns, ihm zu folgen. Es war das erste Mal, dass ich mehr von seinem Gesicht sah als nur die Augenpartie im Rückspiegel, und als er mit ein paar flüssigen Schritten den Berg hinaufkletterte, stellte ich fest, dass er viel jünger sein musste, als ich bisher angenommen hatte. Entweder war ich ganz einfach schlecht im Schätzen von gelebten Menschenjahren oder aber Taxifahren in Marokko machte auf geheimnisvolle Weise alterslos. Ich speicherte diese Frage im Ordner *ungeklärt* ab und schaute mich um. Unter uns lag ein tiefes Gebirgstal in rötlichem Braun, immer wieder unterbrochen von vereinzelten grünen Flächen. Der Wind wehte mir meine Haare ins Gesicht, und ich bereute, dass ich keine Jacke mitgenommen hatte.

»Was machen wir jetzt?«, fragte ich noch ein bisschen benommen.

»Hier soll es irgendwo eine Quelle geben«, erklärte mein Vater und kletterte ebenfalls ein paar Meter den Bergpfad hinauf. »Die gucken wir uns jetzt an.«

Meine Antwort war ein Laut, der leider etwas unmotivierter klang als geplant. Mittlerweile war ich mir sicher, dass hier niemand wusste, was dieser Ausflug für ein Ziel hatte. Wie zur Bestätigung sagte mein Vater:

»Einfach mal ein bisschen spontan sein, Mona. Meist passieren die besten Sachen, wenn man einfach mal guckt, was so passiert. Und jetzt komm!«

Wir fanden die Quelle nach etwa einer Viertelstunde. Ich weiß nicht genau, was ich mir unter dem Wort »Quelle« vorgestellt hatte. Wahrscheinlich irgendetwas Sprudelndes, das in hohem Bogen aus dem Boden schießt. Oder etwas Bedrohliches, das aus einem Loch in einer Steinwand stürzt. Deshalb war ich erst mal kurz enttäuscht, als wir vor etwas haltmachten, das ich mit zwei zugedrückten Augen der Gewässer-Kategorie *Baby-Bachlauf* zugeordnet hätte. Zwar sprudelte das Wasser tatsächlich den Berg hinunter, allerdings in einer Art Erdrinne, die nicht einmal zwanzig Zentimeter breit war. Dann jedoch fing Taxifahrer Mustafa Fès an zu erzählen, und mit jedem seiner Sätze wuchs meine Ehrfurcht vor dem schmalen Strich Wasser zu meinen Füßen.

»Der Bach ist das größte Heiligtum für die Menschen, die in der Gegend leben. Er läuft von hier über viele Kilometer durch das Gebirge und versorgt die komplette Region. Die Bauern müssen sich einigen, welche Felder wann bewässert werden sollen, und alle hoffen jeden Tag, dass die Quelle nicht versiegt.« Als wären wir mitten in einer offiziellen Museumsführung, drehte er sich nach dem Ende des Satzes um und steuerte auf zwei leere Steinhütten zu, die oberhalb des Baches standen und die ich zunächst für Ruinen gehalten hatte. Wir betraten eine von beiden und standen in einem etwa klassenzimmergroßen Raum, dem eine Seitenwand fehlte und dessen Dach mit alten Holzpfählen gestützt wurde.

»Hier treffen sich einmal im Jahr alle Geistlichen der Umgebung, um dafür zu beten, dass das Wasser immer weiter fließt. Die sitzen dann hier und lesen den Koran, und bisher hat es immer funktioniert, inshallah.«

Inshallah. Ein Begriff, der für alle Muslim*innen wichtig ist und mir als Kind zu oft Angst eingeflößt hat, als dass ich jemals ein ausschließlich positives Verhältnis dazu aufbauen könnte. Zum ersten Mal bewusst wahrgenommen habe ich das Wort, als Lalla vor fast 20 Jahren krank wurde und mein Vater ohne uns nach Marokko fliegen musste, um bei ihr zu sein. Vor seinem Abflug entwickelte sich in etwa folgender Dialog zwischen uns:

»Papa, wann kommst du wieder?«
    »In einer Woche, inshallah.«
    »Was heißt inshallah?«
    »Wenn Gott will.«
    »Und was ist, wenn Gott nicht will?«

Die Schultern meines Vaters zuckten kurz nach oben, seine Mundwinkel in die entgegengesetzte Richtung.

»Dann können wir nichts dran ändern.«
»Oh.«

Ich war damals sieben Jahre alt, und seitdem wurde ich jedes Mal, wenn jemand (also mein Vater) »inshallah« sagte, daran erinnert, dass der Ausgang aller Autofahrten, Klassenarbeiten, Fieberschübe oder Turnwettkämpfe von einem Etwas abhing, das ich mir beim besten Willen nicht vorstellen konnte. Wie war es überhaupt möglich, dass jemand, den niemand jemals gesehen oder persönlich gesprochen hatte, den gesamten Luftraum kontrollieren und gleichzeitig noch ein Auge auf die Autobahnen, Klassenräume, Turnhallen und Krankenhäuser dieser Welt haben konnte?

Vielleicht war das die Zeit, in der ich mich zum ersten Mal bewusst mit dem Thema Religion auseinandergesetzt habe.

Obwohl der unscheinbare Quellfluss tatsächlich spannender war als gedacht und ich mir danach minutenlang den Kopf darüber zerbrach, wie die Bauern der Region wohl untereinander entscheiden, wessen Felder wann mit Wasser versorgt werden, folgte das Highlight der Tour erst auf dem Rückweg. Da es im Mittleren Atlas auf über 500 Höhenmetern keine Restaurants, Raststätten oder sonstige Einkehrmöglichkeiten gibt, schlug Taxifahrer Mustafa Fès vor, uns zum Mittagessen mit zu sich nach Hause zu nehmen. »Wie nett von ihm!«, dachte die marokkanische Hälfte meines Gehirns, während die deutsche ihr hektisch zurief, sie solle doch nicht so naiv sein und dass das auch eine Falle sein könnte. »Vielleicht wohnt er gar nicht hier in der Gegend und will uns entführen! Oder ausrauben! Oder abzocken! So was macht doch keiner einfach so!«, kreischte sie durch den ganzen Kopf, aber die marokkanische Hälfte blieb unbeeindruckt, drehte sich mit einem genervten Augenrollen zur Seite und freute sich auf das Mittagessen.

Das Zuhause von Taxifahrer Mustafa Fès lag am Ende einer etwa hundert Meter langen Steinpiste, die von der Hauptstraße abführte. Sein Grundstück war mit zwei kleinen Häusern bebaut, die, wie fast alle Gebäude in der Gegend, farblich mit der umliegenden Landschaft zerflossen. Zusammen mit zwei Ställen bildeten sie eine Art Hof, auf dem etwas Wäsche an einer Leine trocknete. Noch bevor die Handbremse angezogen war, kamen zwei Mädchen in Schlafanzügen aus dem größten der Häuser gelaufen, gefolgt von einer jungen Frau mit Kopftuch. Sie blieb zögernd hinter den Mädchen an der Haustür stehen, und von ihrem Oberteil lachte uns ein etwas ausgeblichener Snoopy entgegen.

»Meine Frau und meine Töchter«, stellte Taxifahrer Mustafa Fès die drei vor und deutete mit einem auffordernden Nicken auf die Tür in der Lehmfassade.

Wir zogen die Schuhe aus und betraten einen kleinen Raum, der mit dunkelroten Teppichen ausgelegt war. Entlang der Wand lagen ein paar Kissen, in der Mitte stand ein kniehoher Tisch, die Wände wirkten kühl, und als ich mich setzte und meinen Rücken dagegenlehnte, stellte ich fest, dass sie es auch tatsächlich waren. Taxifahrer Mustafa Fès erzählte meinem Vater, wie er das Haus gebaut hatte (ohne jede Hilfe), an welcher Seite es vor Kurzem vergrößert worden war (hinten links) und welche Pflanzen auf seinem Grundstück wüchsen (hauptsächlich Granatapfel- und Bananenbäume). Ich hörte zu, blickte mich dabei langsam im Raum um und entdeckte das halbe Gesicht eines kleinen Jungen, der vorsichtig um die Ecke der Haustür zu uns herüberlinste. Ich winkte, er zuckte zurück. Taxifahrer

Mustafa Fès unterbrach sein Gespräch mit meinem Vater und schaute ebenfalls in Richtung Tür.

»Ah! Mein Sohn, komm her!«, rief er der Tür entgegen und lachte entschuldigend, als nichts passierte. Eines der Mädchen kam mit einem vollen Tablett aus der Küche und stellte Schälchen mit Oliven, Olivenöl, Honig und Frischkäse vor mir auf den Tisch. Ihre Schwester verteilte Teegläser und Brotlaibe, und während ich mich bedankte und mit der einen Hand danach griff, tastete ich mit der anderen unauffällig nach den Rändern der Tischtücher zwischen meinen Knien. Drei Stück, also alles halb so wild.

Nach Jahren, in denen ich immer wieder pappsatt feststellen musste, dass nach dem vermeintlichen Hauptgericht noch zwei bis vier weitere Gänge folgen würden, ist das Zählen der Stoffschichten auf dem Tisch vor jedem Essen mein wertvollster Marokko-Lifehack geworden. Um Flecken und Krümel so schnell und effektiv wie möglich zu beseitigen, nutzen marokkanische Hausfrauen gerne eine Art Zwiebelsystem für ihre Tische. Nach jedem Gang nehmen sie ein Tischtuch ab und legen direkt ein weiteres darunter frei. Das bedeutet: Je mehr Decken-Schichten, desto mehr Zurückhaltung am Anfang, um bis zum Nachtisch durchzuhalten und so nicht nur den Bauchschmerzen zu entgehen, sondern auch einem obligatorischen »Dukannstnochnichtfertigseinduhastjagarnichtsgegessennimmdochbittenochwashiervon«. Während ich also in wohldosierter Menge erst Oliven, dann Rindfleisch und schließlich frischgepflückte Granatäpfel aß, bemerkte ich immer wieder die Seitenblicke der beiden Mädchen. Wenn ich sie erwiderte, lächelten wir uns flüchtig zu, wandten uns dann aber wieder etwas zu konzentriert unseren Tellern zu.

Ich überlegte, ob ich in Deutschland schon mal so spontan bei fremden Menschen am Esstisch gesessen und gegessen hatte, und natürlich lautete die Antwort nein. Da, wo ich aufgewachsen bin, sind Verabredungen etwas Verbindliches, etwas Geplantes, etwas, bei dem zwei Menschen erst mal kurz in ihre Kalender gucken und dann einen Termin eintragen müssen. Zur Not mit einem kleinen Fragezeichen. Oder erst mal mit Bleistift. In Marokko ist spontaner Besuch dagegen eher die Regel als die Ausnahme, und genauso wie ein laufender Fernseher und etwas zu weißes Deckenlicht gehörten auch fremde Menschen schon immer zum festen Inventar in Lallas und Basidis Wohnzimmer. Fragte ich meinen Vater früher leise, wer da mit uns am Abendbrottisch saß, sagte er meist »Das ist eine Cousine« oder »Das ist ein Großonkel« oder ganz einfach: »Das ist Familie«. Familie. Darunter fielen in Deutschland mein Leben lang genau sieben Personen: meine Mutter, mein Vater, mein Bruder, meine Großeltern, meine beiden Großtanten und ein Großonkel, über den nur selten jemand gesprochen hat, und wenn, dann schlecht. War ich dagegen in Marokko, weitete sich der Begriff fast automatisch aus und war plötzlich mehr als nur ein Synonym für »enge Verwandtschaft«. Ich bin mir sicher, dass weniger als die Hälfte der Cousinen und Großonkel in Lallas und Basidis Wohnzimmer tatsächlich mit mir verwandt waren. Nicht mal über zehn Ecken. Aber dem marokkanischen Verständnis nach entsteht Familie nicht nur durch gemeinsame Gene, sondern auch durch gemeinsame Erinnerungen, gemeinsame Probleme oder gemeinsame Grundstücksgrenzen. Vielleicht reicht in einigen Fällen sogar schon ein gemeinsames Mittagessen, aber davon war ich gerade noch weit entfernt.

Zwischen den vielen Schlafanzügen fühlte ich mich in Jeans und T-Shirt ein wenig overdressed, und auch mein Smartphone, das neben mir auf dem Teppich von Taxifahrer Mustafa Fès und seiner Familie lag, schien mir auf einmal unnötig groß zu sein. Ich fragte mich, ob seine Frau und seine Kinder genervt gewesen waren, als der Vater angerufen und verkündet hatte, dass er Fahrgäste zum Mittagessen mitbringen würde. Vielleicht war das längst Normalität und gehörte zum Job eines guten Taxifahrers dazu. Vielleicht liebten sie es sogar, wenn Fremde im Haus waren. Vielleicht aber auch nicht. Vielleicht hatten wir mit unserer Ankunft ihre Pläne für den Nachmittag durchkreuzt. Vielleicht wollten sie gerade ...

Meine eigenen Gedanken stockten. Ja, was wollten sie wohl gerade? Was unternimmt man an einem Ort wie diesem? Einem Haus mitten im Nichts, umrandet von hohen Bergen und Himmel? Wie sieht der Alltag von Teenagern aus, die nicht mal eben ins Café gehen oder Freundinnen treffen können? Hat man hier überhaupt Freundinnen? Oder Hobbys? Oder WLAN? Oder Unterricht?

»In welche Klasse gehst du?«, fragte plötzlich die jüngere der beiden Mädchen und es war das erste Mal, dass ich sie sprechen hörte. Ihre Stimme klang fester als erwartet.

»In gar keine. Ich arbeite schon«, antwortete ich und pulte die letzten Kerne aus meinem Granatapfel. »Und du?«

Sie erzählte mir, dass sie in der siebten und ihre Schwester in der neunten Klasse sei. Zur Schule müssten sie jeden Tag ungefähr eine Stunde laufen, aber das sei schon in Ordnung. Ich dachte an meinen alten Schulweg, der keine zehn Minuten lang war, und daran, wie oft ich gemeckert hatte, wenn ich im Regen aufs Fahrrad steigen musste.

»Komm«, sagte sie plötzlich mit sehr viel Enthusiasmus, griff nach meiner Hand und zog mich auf die Beine. Ich stand auf und zuckte nur kurz mit den Schultern, als mein Vater fragend zu uns herüberschaute.

Ich folgte den beiden Schwestern aus dem Wohnzimmer hinaus und über den Platz vor dem Haus in Richtung der beiden Holzverschläge. Ihre Flip-Flops sorgten bei jedem Schritt für schleifende Geräusche auf dem losen Steinboden, und es dauerte keine Minute, da hatte der Staub meine schwarzen Birkenstock-Sandalen in eine beige Version ihrer selbst verwandelt.

»Hier sind die Hühner. Davon haben wir zwölf«, sagte eins der Mädchen und entriegelte die erste Tür. Der Geruch von Tier und Stroh schlug mir entgegen, trotzdem steckte ich den Kopf in den Stall und sah im dämmrigen Licht zwischen aufgeregten Hühnern auch ein paar Schafe und Ziegen auf dem Boden liegen.

»Kümmert ihr euch um das alles?«, fragte ich und die beiden nickten stolz. Mit den Worten »Wir haben noch mehr!« schlossen sie die Tür und zeigten mir den zweiten Stall, der etwas größer, aber nicht weniger dunkel und dreckig war. Wir gingen hinein, vorbei an vier Kühen, durch eine weitere Tür in den hinteren Teil. Plötzlich stand ich nur eine Armlänge entfernt von einem dampfenden Körper, der so massig war, dass er fast den kompletten Stall ausfüllte. Das Kamel stand einfach so da und zeigte keinerlei Regung, was wahrscheinlich daran lag, dass es keinen Platz für Regungen hatte. Nur ein lautes Schnauben zeugte davon, dass es uns bemerkt hatte, und ich presste meinen Rücken gegen die Wand. Die Mädchen lachten und zogen mich wieder nach draußen.

Unser Rundgang endete zwischen Bananen und Granatäpfeln auf den Feldern hinter dem Haus, und während ich mir zeigen ließ, wie man Stauden richtig erntet und woran man die wirklich guten Früchte erkennt, stellte ich fest, dass jede der Schwestern sehr wahrscheinlich mehr Hobbys hatte als mein Bruder und ich zusammen.

Als wir wieder im Auto saßen, erzählte Taxifahrer Mustafa Fès in einem fort von seinen Kindern. Der Sohn sei vor Fremden immer schüchtern, aber eigentlich total wild. Und die Töchter? So fleißige Mädchen, zu Hause und in der Schule. Er war stolz, das merkte man. Nicht nur auf seine Familie, sondern auch auf sein Haus, sein Auto, seine Tiere, seine Bäume. Dinge, die er im Leben erreicht und erarbeitet hat. Dinge, die ihn antreiben und ausfüllen. Dinge, die für andere nur eine hübsche oder praktische Garnitur des Alltags sind. In seiner Welt ist ein sicheres Leben ohne Existenzängste der größte Erfolg, in meiner Welt ist es nicht mehr als eine notwendige Bedingung auf dem Weg zum Erfolg. Alle um mich herum streben ständig nach Geld, Aufstieg und Aufmerksamkeit. Die nächste große Reise ist das nächste große Ziel, ein volles Konto die Motivation, Social Media der aufwendigste Zeitkiller. Das Fitnessstudio ist gleich um die Ecke, der Vitamin-D-Haushalt unter Kontrolle und die Ernährung glutenfrei oder zumindest mehr oder weniger lowcarb. Entspannung ist, wenn Netflix läuft oder der Thermomix. Shoppen ist Gönnen, Leistung ist Können. Aber wer sagt uns, dass das die privilegierteste Art ist, das eigene Leben zu führen? Wer sagt uns, dass es tatsächlich löblich und nötig ist, jeden Tag die Zeitung zu lesen, Push-Mitteilungen zu öffnen und Timelines zu aktualisieren? Und wer hat die Garantie dafür, dass wir ohne all das nicht viel glücklicher wären? Noch vor zwei Stunden hatte ich, eingekuschelt in meinen Eurozentrismus, Mitleid mit den Menschen gehabt, die hier in einem kleinen Lehmhaus wohnen und augenscheinlich sehr viel von dem verpassen, was so los ist in der Welt. Aber anders als bei all jenen, die in Agadir mit mir zur Schule gegangen sind, war ich mir nicht sicher, ob irgendwer, der hier lebte, seinen Alltag freiwillig mit dem meinen würde tauschen wollen. Aus meiner Tasche ertönte ein helles »Pling«. Ich wunderte mich kurz, dass ich hier überhaupt Netz hatte, entsperrte den Bildschirm mit einem Blick und las die Nachricht einer Arbeitskollegin:

Hallo Mona! Wollte nur kurz fragen, ob du zufällig das Buch ›Das Café am Rande der Welt‹ zu Hause hast. Wenn ja: könn-

*test du mir das wohl mitbringen, wenn wir uns nächste Woche
Montag sehen? Habe mir schon ewig vorgenommen, das endlich
mal zu lesen. Danke und viel Spaß noch!*

Ich musste grinsen, weil diese Nachricht jeden Gedankengang
der vergangenen Minuten bestätigte. In diesem Moment hielt
das Taxi. Auf der Beifahrerseite stand eine alte Frau, vollbe-
packt mit Tüchern und Stoffen. Taxifahrer Mustafa Fès grüßte
sie und erzählte, halb über den Beifahrersitz gebeugt, dass wir
Gäste aus Europa seien. Beim Wort »Europa« nickte die Frau
langsam und der unförmige Berg, den sie mit einer Hand auf
ihrem Kopf trug, wackelte dabei vor und zurück.

12

Es gibt Dinge, von denen ich nicht gedacht hätte, dass ich sie im Laufe meines Lebens einmal aussprechen würde. Der Satz »Ich habe große Hoden« gehört auf jeden Fall dazu. Tatsächlich aber hat mich diese Aussage eine Zeit lang regelrecht verfolgt und liegt seitdem in einer Schublade meines Gehirns mit der Aufschrift ›Achtung! Unangenehm! Bitte vergessen!‹. Da Erinnerungen aus dieser Kategorie jedoch bekanntlich die letzten sind, die wir tatsächlich vergessen, ist es kein Wunder, dass ich genau jetzt schon wieder daran denken muss.

Erschöpft von der langen Fahrt im Auto und den Eindrücken des Tages hatte ich nach dem Abendessen eigentlich sofort schlafen gehen wollen, aber mein Vater war kurz in Basidis altem Zimmer verschwunden und mit einem blauen Heft in der Hand zurückgekommen.

»Hier, guck mal. Kennst du das noch?«, fragte er und ließ es neben mir aufs Sofa fallen. Ich schlug die erste Seite auf. Sie war dicht beschrieben mit arabischen Buchstaben, deren abgehackte Gleichmäßigkeit ich sofort erkannte.

»Das ist eins von meinen Heften aus der Schulzeit in Agadir. Woher hast du das?«

»Meine Schwester hat es in einem der letzten Kartons mit Basidis Sachen gefunden und gefragt, ob wir es noch brauchen.«

Ich blätterte stumm durch die Seiten, war verblüfft von der Akribie und Ordnung, mit der ich damals die Zeilen gefüllt hatte, und erinnerte mich an die vielen Philosophie- oder Biologiestunden auf Hocharabisch, in denen ich nichts verstanden, aber alle Texte feinsäuberlich von der Tafel oder aus Büchern abgeschrieben hatte. Und ich erinnerte mich an den Tag, an dem ich große Hoden bekam.

Der Tag, an dem ich große Hoden bekam, hatte begonnen wie jeder andere auch. Ich war vor dem Schultor aus dem Auto gestiegen, hatte mich in Richtung Fahrersitz verabschiedet, wurde von Hassan, dem Pförtner, begrüßt und mit dem Strom aus Schüler*innen auf den überfüllten Innenhof gespült. Anders als in Deutschland versammelte man sich in meiner neuen Schule in Marokko vor dem Unterricht auf dem Hof, um dann bestenfalls vollzählig und als Gruppe in die Klassenzimmer zu gehen. Was sich in den ersten Tagen als kompliziertes Suchspiel entpuppt hatte, bei dem ich verzweifelt versuchen musste, in einer Masse aus unbekannten Köpfen und Körpern diejenigen zu finden, die zu meiner Klasse gehörten, war es nun, nach über einem Monat, fast schon zu einfach: Kaum hatte ich den Schulhof betreten, wedelte jemand vom anderen Ende des Hofes mit beiden Händen über dem Kopf herum und sprang dabei auf und ab. In kleinen Zickzack-Bewegungen schlängelte ich mich an wartenden Grüppchen und gefüllten Rucksäcken vorbei, bis ich auf vier Jungs zulief, die zum Glück nicht mehr auf und ab sprangen, sondern einfach nur dastanden und mir mit einer mir unerklärlichen Motivation im Blick entgegensahen. Ihre Gesichter hatten sich mir schon nach dem ersten Schultag eingebrannt, was vor allem daran lag, dass sie in Sachen Lautstärke, Ärger und Aufmerksamkeit das Epizentrum meiner Klasse waren. Einer von ihnen, der Auffälligste, legte mir mit Schwung einen Arm um die Schulter, die anderen drei kamen ebenfalls näher und schauten ihren Freund abwartend an, als der feierlich sagte:

»Mona, wir haben uns etwas überlegt.«

Ohne meinen Kopf zu bewegen, blickte ich von rechts nach links über den Hof, konnte aber keine Personen entdecken, die mir bekannt vorkamen. Also hielt ich einfach still und wartete ab.

»Du bist doch auch hier, um Arabisch zu lernen, oder?«
Ich nickte.

»Perfekt, wir helfen dir! Du bleibst ein Schuljahr, das heißt, wenn wir dir jeden Tag nur eine oder zwei neue Vokabeln beibringen, kommst du am Ende auf mehrere Hundert Wörter.« Er grinste, seine Freunde grinsten und leider grinste ich auch.

Keine Ahnung, ob es Dummheit, Naivität oder eine gefährliche Kombination aus beidem war, aber ich schlug ein und hinterfragte keine Sekunde lang, warum diese Boygroup aus Klassenclowns ganz plötzlich ein Interesse am Fortschritt meiner Arabischkenntnisse hatte. Es war ohnehin zu spät. Noch bevor wir den Pausenhof verlassen hatten, kannte ich schon mein erstes neues Wort: Herz. Auf Arabisch *Qalb*. Leider war das nicht die Übersetzung, die meine neuen Nachhilfelehrer mir nannten. Stattdessen: *Qaloua*. Die arabische Bezeichnung für? Richtig: Hoden. Ein Wort, das in Marokko, anders als in Deutschland, nicht primär die Bezeichnung für einen Teil des männlichen Geschlechtsorgans ist, sondern vor allem ein sehr vulgärer Kraftausdruck und damit ein mittelschweres gesellschaftliches Tabu. Das alles sollte ich sehr bald schmerzlich erfahren.

Zwei Doppelstunden später, der Physiklehrer hatte gerade das Whiteboard eingeschaltet, in das wahrscheinlich ein nicht unerheblicher Teil unserer Privatschulgebühren geflossen war, holte ich mein Vokabelheft aus der Tasche und legte es zusammen mit dem Physikbuch und ein paar Stiften vor mir auf den Tisch. Der Lehrer räusperte sich extra laut und schaute sich abwartend im Raum um. Er war einer der konservativen Sorte: streng, launisch und von allen gefürchtet. Von allen, außer von mir. Da ich sowieso kaum etwas von dem verstand, was er erzählte (was nicht nur daran lag, dass er

113

Physik unterrichtete, sondern vor allem daran, dass er es auf Hocharabisch tat), war ich von der aktiven Teilnahme an seinem Unterricht befreit und musste stattdessen meinen eigenen Lernplan abarbeiten. Die Direktorin hatte mir nach meinen ersten Wochen an der Schule einen eigenen Sprachlehrer zur Seite gestellt, für den ich jede Woche Sätze formulieren, Verben deklinieren und einfachste Textbausteine in die richtige Reihenfolge bringen sollte. Ich schlug das Vokabelheft auf und notierte ganz oben: *Herz – Qaloua*. Als ich meinen Blick wieder hob, stand der Physiklehrer vor meinem Tisch. Er stützte sich mit den Händen auf der Tischplatte ab und beugte sich mir ein Stück entgegen. Augenblicklich herrschte Stille im Raum.

»Miss Ameziane?« Sein Atem roch nach Physiklehrer, meiner stockte kurz.

»Ja, Herr Professor?«

»Wie läuft es mit der Sprache?«

»Gut, glaube ich. Danke.«

»Lassen Sie mal hören.«

Ich überlegte kurz und blickte in das aufgeschlagene Heft vor mir auf dem Tisch. Aber anstatt einfach nur dieses eine Wort zu nennen, was sehr sicher schlimm genug gewesen wäre, formte ich in einem Anflug von falschem Ehrgeiz gleich einen ganzen Satz daraus: Ich habe ein großes Herz.

Was ich tatsächlich sagte: Ich habe große Hoden.

Eine Mitschülerin neben mir sog scharf die Luft ein, ihre Sitznachbarin schlug sich die Hand vor den Mund, eine dritte schickte aufgeregt ein kurzes Stoßgebet in den Himmel. Innerhalb von Sekunden wanderten rote Flecken aus dem Kragen des Lehrers über seinen Hals in Richtung Gesicht. Er blinzelte, dann kniff er die Lippen zusammen und richtete sich langsam auf. Das war der Moment, in dem in der hintersten Reihe vier Jungs vor Lachen auf ihren Stühlen zusammenbrachen. Den

Rest der Physikstunde verbrachten sie auf dem Flur und ich damit, im Boden versinken zu wollen.

Natürlich hatte ich auch an meiner Schule in Deutschland erlebt, wie schnell unangenehme Geschichten die Runde machen können. In diesem Fall dauerte es aber nicht mal einen halben Tag, bis auch der letzte Fünftklässler Bescheid wusste, dass die Deutsche aus der Mittelstufe vor der größten Respektsperson der Schule sprachlich die Hosen runtergelassen hatte. Einige Mädchen aus der Nachbarklasse waren nach einer Überdosis *Gossip Girl* auf die wahnsinnig kreative Idee gekommen, ein Blog zu eröffnen, auf dem sie munter über alle Gerüchte und Geschichten berichteten, die sie in ihre manikürten Finger bekommen konnten. Dazu gehörte leider auch mein Hoden-Gate. Wochenlang musste ich also irgendwelche Typen ignorieren, die mir auf dem Schulflur zuzwinkerten, mit den Augenbrauen wackelten oder mir im Vorbeigehen extra auffällig zwischen die Beine starrten. So viel zum Thema Sprache und Integration.

Es hätte aber natürlich deutlich schlimmer kommen können. Ich möchte mir gar nicht ausmalen, was passiert wäre, wenn ich nicht dem Physiklehrer, sondern Basidi von meinen großen Hoden erzählt hätte. Wahrscheinlich wäre der Arme tagelang peinlich berührt in seinem Zimmer verschwunden und ich hätte vor lauter Scham mit dem Gedanken gespielt, von der Dachterrasse zu springen.

Tatsächlich hat sich mein Verhältnis zu Basidi während meines Schuljahrs in Marokko verändert. Zum Glück auf die bestmögliche Art, denn wie oft kommt es im Leben eines Großvaters schon vor, dass er sich innerhalb weniger Monate plötzlich mit der Enkelin unterhalten kann, nachdem die Kommunikation über 16 Jahre auf eine Handvoll einfacher Sätze beschränkt gewesen war?

Genauso lange hatte ich Ferienbesuche bei meinen Großeltern in Fès als eine Art Familienpflicht im Urlaubskostüm abgespeichert. Immer gleich, nicht sonderlich erholsam, trotzdem wichtig und auf eine unspektakuläre Art auch schön. Als hätte sich mit meinem neuen Alltag in Marokko ein Schalter umgelegt, fühlte sich die erste Busfahrt von Agadir nach Fès plötzlich an, als würde ich nach Hause kommen. Ich freute mich auf die Schwimmbadruine im Garten, die surrenden Neonröhren im Wohnzimmer, das süßliche Parfüm von Lalla, das mir jedes Mal in der Nase hängen blieb, wenn ich ihr einen Kuss auf die Wange gab, und vor allem freute ich mich darauf, Basidi von meiner neuen Schule zu erzählen. Nach knapp zwei Monaten reichten meine Sprachfortschritte zwar noch nicht für ausufernde Beschreibungen und lange Diskussionen aus, aber am ersten Abend legte ich ihm direkt mein Biologieheft auf den Tisch. Es war das ordentlichste von allen. Mit einer für ihn typischen Gewissenhaftigkeit begutachtete er es Seite für Seite, und während ich ihm dabei zusah, fühlte ich mich wie ein kleines Kind, was nicht nur daran lag, dass mein Schreibniveau etwa dem einer sehr fleißigen Achtjährigen entsprach. Basidi scannte mit leicht zusammengekniffenen Augen jeden einzelnen meiner Sätze und gab dann wahlweise anerkennende, belustigte oder leicht grummelige Laute von sich. Nach einigen Minuten klopfte er mir auf den Rücken, nahm das Heft und ging damit in sein Zimmer. Seitdem hatte ich es nie wiedergesehen. Bis jetzt.

»Ein Wunder, dass er damals seinen Rotstift nicht ausgepackt hat«, sage ich und blättere weiter. Auf der nächsten Seite ist eine dicht beschriebene Tabelle zu sehen, darunter die Abbildung eines Waldes. Zwischen den vielen arabischen Sätzen steht irgendwo das Wort *Écosystème* auf Französisch.

»Wahrscheinlich hat auch er aus seinen Fehlern gelernt«, erwidert mein Vater und spielt damit auf das einzige Mal an, als Basidi mich in meinem Leben zum Weinen gebracht hatte.

Es war das Jahr meiner Einschulung. Das Jahr, in dem mein Vater angefangen hatte, mir, parallel zum Deutschunterricht in der Schule, auch das Lesen und Schreiben auf Arabisch beizubringen. Jeden Samstag nach dem Frühstück saßen wir zusammen am Küchentisch und schlugen das rot-gelbe Arabischbuch auf. Es hieß *Iqra* und ist als erstes arabisches Schulbuch nach der marokkanischen Unabhängigkeit in den 50er-Jahren in die Geschichte eingegangen. Jedes Mal, wenn mein Vater in Marokko war, brachte er mir neue Lernbücher mit, allesamt viel bunter und moderner, aber keines von ihnen einprägsamer als *Iqra*.

Natürlich hatte mein Vater keine Ahnung, wie man einem Kind pädagogisch richtig Lesen und Schreiben beibringt, aber er muss vieles instinktiv richtig gemacht haben, denn noch bevor ich im Deutschunterricht jemals etwas von Vokalen gehört hatte, wusste ich schon, dass es sie in der arabischen Schrift nicht gibt. Zumindest nicht immer. Die Laute A, I und U sind nur dann eigene Buchstaben, wenn man sie lang gezogen spricht. Als kurze Laute werden sie zu kleinen Kringeln und Strichen über und unter den Buchstaben. Als Kind setzte ich es mir zum Lebensziel, diese Regel auch in der deutschen Rechtschreibung zu etablieren. Leider konnte ich bisher nicht wie erhofft dafür sorgen, dass sich kleine *Os* und *As* über und unter den Buchstaben durchsetzen, und habe mich mittlerweile damit abgefunden, dass dieser Trick nur im Arabischen funktioniert. Apropos Trick: Der Hauptgrund, warum ich über meine gesamte Grundschulzeit hinweg jeden Samstagvormittag mit meinem Vater am Küchentisch Lesen und Schreiben geübt habe, während andere Kinder in meinem Alter spielen oder vor dem Fernseher sitzen konnten, war nichts weiter als eine kleine Schüssel voller Süßigkeiten. Wie einst der russische Nobelpreisträger Iwan Pawlow (der mit der Glocke und dem Hund) hatte es auch mein Vater ganz wunderbar verstanden, mich zu konditionieren, und manchmal bilde ich mir bis heute ein, dass sich mein Speichelfluss erhöht, wenn ich mein altes *Iqra*-Buch in den Händen halte.

Samstag für Samstag arbeiteten wir uns also durch das Bonbon-Regal im Supermarkt und parallel dazu durch das arabische Alphabet. Zunächst schrieben wir einzelne Buchstaben in sämtlichen Variationen[5], dann Worte, dann Sätze, dann ganze Texte und schließlich kam der Moment, in dem mein Vater entschied, dass ich bereit sei für ein erstes Diktat mit Basidi. Rückblickend glaube ich, dass er damit ein Ziel verfolgte, das dem meinen gar nicht so unähnlich war: Er wollte seinen Vater stolz machen. Basidi sollte sehen, wie gut sein Sohn dafür sorgte, dass die Enkelkinder auch in Deutschland einen Teil der marokkanischen Kultur kennenlernen. Mein Vater sollte sehen, dass ich in unseren gemeinsamen Arabischstunden nicht nur künstliche Farbstoffe, sondern auch echtes Wissen zu mir genommen hatte. Bei unserem nächsten Besuch in Fès setzten wir uns also gemeinsam mit Basidi auf die Dachterrasse und mein Vater schlug wahllos eine Seite im Buch auf. Ich erkannte sie sofort. Es war die Seite, auf der man den Buchstaben ث (ausgesprochen wie das englische ›th‹) üben sollte. Im oberen Teil waren drei Zeichnungen zu sehen: ein Pflug, ein Vogel auf einem Sockel und ein Stier. Alles Worte, in denen der Laut ث auf unterschiedliche Weise vorkommt. Darunter war ein Junge abgebildet, der grinsend einem Reh das Fell abzog. Das zumindest war das, was ich erkannte, als ich die Seite zum ersten Mal aufgeschlagen hatte. Mittlerweile wusste ich längst, dass der Junge Othman hieß, Künstler war und die Gazelle vor ihm auf dem

---

5 Die Form eines Buchstabens verändert sich im Arabischen, je nachdem, ob er am Anfang, in der Mitte oder am Ende eines Wortes steht.

Tisch eine Skulptur darstellen sollte. Neben der Abbildung stand folgender Text:

عُثْمَانُ صَنَعَ تِمْثَالَ غَزَالٍ جَمِيلٍ.

عُثْمَانُ مَثَّالٌ بارِعٌ.

عُثْمَانُ يَصْنَعُ التَّمائِيلَ،

كَأَنَّها مَخْلوقاتٌ حَيَّةٌ.

Die wörtliche Übersetzung lautet: »Othman hat eine Gazellen-Skulptur gebaut. Othman ist ein guter Künstler. Er baut Skulpturen, die sehr echt aussehen.«

Mein Vater hatte mir diese Sätze schon Dutzende Male laut vorgelesen. Ich kannte sie fast auswendig und fragte mich immer wieder, was Othman wohl mit seinem Kunstwerk vorhatte. Wo stellt man bitte eine so große Gazellen-Skulptur hin? Gibt es Menschen, die so etwas kaufen? Oder ist Othman einfach ein Fan von süßen Tieren aus Pappmaschee?

All diese Fragen waren plötzlich egal, denn diesmal begann Basidi, mir die vier Zeilen vorzulesen, und aus seinem Mund klang jede Silbe ein wenig schneller und ein wenig verschlungener als bei meinem Vater. Trotzdem griff ich zum Stift und schrieb langsam und hochkonzentriert Wort für Wort von rechts nach links. Es fühlte sich wie immer an. Als würde ich ein Bild malen. Nur vertikaler und mit etwas mehr Regeln.

»Bravo, Mona«, sagte mein Vater, als ich fertig war, und gab mir einen Kuss auf meinen Scheitel. Ich sah erwartungsvoll und stolz zu Basidi auf, der mit zusammengezogenen Augenbrauen dastand und kommentarlos einen roten Kugelschreiber aus der Brusttasche seiner Djellaba zog. Er unterstrich alle meine Fehler, markierte sie zusätzlich am Rand mit kleinen roten Strichen und gab mir das Heft zurück. Rot und Blau verschwammen vor meinen Augen zu unförmigen Schlieren, und die sonnige Dachterrasse verwandelte sich in ein dunkles Klassenzimmer. Vor mir stand jemand, der aussah wie mein Großvater, sich jedoch mit einem Mal wie ein strenger Lehrer verhielt, und leider gab es weit und breit keine Süßigkeiten, die dieses Gefühl hätten ausgleichen können.

13

Ich pausiere das Youtube-Video, in dem eine Gruppe Orang-Utan-Babys lernt, wie man Kokosnüsse knackt, und sehe meiner Cousine dabei zu, wie sie einen Korb mit Servietten und Tischtüchern durchwühlt und dabei immer wieder »Ich versteh das nicht« murmelt. Nach einigen Sekunden wendet sie sich wieder ab und schaut sich mit den Worten »Komisch, beim letzten Gebet war er doch noch hier« im Wohnzimmer um.

»Wer denn?«, frage ich vorsichtig, habe den rechten Kopfhörer dabei aber schon wieder halb im Ohr, weil ich am liebsten noch mal kurz ins digitale Tierreich verschwinden würde. Lalla sitzt stumm auf ihrem Stammplatz in der rechten Sofaecke, über ihren Beinen liegen zwei Decken, auf ihrer Stirn ein paar Sorgenfalten. Ich verstehe immer noch nicht, was genau das Problem ist, bis meine Cousine ein paar Sekunden später »Ha! Hab ihn!« ruft und erleichtert einen ovalen Kieselstein in die Höhe hält. Lalla formt mit ihrer gesunden Hand etwas, das ziemlich sicher eine Siegesfaust sein soll, und ruft erleichtert »Allah Allah«.

Ich habe keine Ahnung, was ein Schlaganfall genau in einem Menschen anrichten kann. Aber ich weiß, was er *mit* einem Menschen anrichten kann. Nämlich sehr viel. Mittlerweile muss ich mich unglaublich anstrengen, um mir das Bild der gesunden Lalla ins Gedächtnis zu rufen, aber wenn es da ist, dann sehe ich es für kurze Zeit ganz klar. Sie hatte immer alles im Griff, war selbstbewusst, organisiert und schlau. Sie hat ihr erstes Kind in einem Alter bekommen, in dem man in Deutschland nicht mal strafmündig ist. Sie hat fünf weitere geboren, eins wieder verloren, die anderen erzogen, bekocht und geliebt, genauso wie all ihre Enkelkinder. Während Basidi sein halbes Leben lang über Büchern gehangen, Texte geschrieben und Wissen vermittelt hat, bestand Lallas einzige große Lebensaufgabe in der Organisation eines siebenköpfigen Haushalts. Ohne Frage war das eine hochkomplexe Angelegenheit, allerding eine, die sehr wenig Platz für Selbstverwirklichung ließ. Deshalb hat sie mit fast 60 Jahren entschieden, dass es nun an der Zeit sei, den Führerschein zu machen und zur Schule zu gehen.

»Lalla lernt jetzt lesen und schreiben«, hat mein Vater uns damals gesagt, und ich war noch zu jung, um zu verstehen, was es bedeutet, als erwachsene Frau das Alphabet zu üben und mit einfachster Rechtschreibung überfordert zu sein.

Als Lallas erster Brief bei uns zu Hause im Briefkasten lag, freute ich mich trotzdem. Es war eine pastellfarbene Klappkarte mit einer sehr kitschigen Torte auf der Vorderseite, die Musik machte, wenn man sie öffnete. Genau das hatte ich wahrscheinlich etwas zu häufig getan, denn ich kann die Melodie immer noch aus dem Stand nachsummen.

In der Karte lag die zusammengefaltete Seite eines marokkanischen Schreibheftes, beschrieben mit Worten, die nicht so schwungvoll und gleichmäßig aussahen wie die von Basidi, aber auch nicht so abgehackt wie meine. Man sah, dass sie langsam geschrieben worden waren und betont sorgfältig. Aber sie wirkten trotzdem irgendwie erwachsen.

Kurz nach dem Brief kam der Schlaganfall und machte aus der stärksten Frau der Welt eine halbseitig gelähmte Version ihrer selbst. Eine Version, die Monate brauchte, bis sie wieder einen Fuß vor den anderen setzen konnte, und deren Mund plötzlich nur noch ein einziges klares Wort aussprechen konnte: Allah. Von einem Tag auf den anderen war alles in Lallas Leben Gott. Tomaten, Brote, der Gartenschlauch, die Bilder an der Wand, das Telefon, der Rollstuhl, das Hausmädchen, sogar ihr eigener Ehemann. »Allah Allah« konnte bedeuten, dass sie etwas lustig fand oder Schmerzen hatte, dass sie auf die Toilette musste oder schlafen gehen wollte. Manchmal erzählte sie eine komplette Geschichte, die nur daraus bestand, dass sie das Wort »Allah« in wechselnder Tonlage und Geschwindigkeit aneinanderreihte. Alle Anwesenden im Raum versuchten dann zu erkennen, was sie wohl zu beschreiben versuchte, und wenn eine Person richtiglag, sagte Lalla »Ehyeh!«, und nickte zufrieden. Viel zu oft kam es aber auch vor, dass das Raten nach Minuten ins Leere führte und sie immer wieder den Kopf schüttelte. Dann konnte man spüren, wie die Spannung im Raum langsam wuchs, bis Lalla sich irgendwann resigniert abwandte und auf die unnatürlich gekrümmte Hand in ihrem Schoß starrte. Meine Vorstellungskraft reicht nicht aus, um mir auszumalen, wie es sich anfühlen muss, wenn der eigene Körper einem dauerhaft jegliche Gespräche untersagt, während die Gedanken im Kopf ungehindert weiterfließen. Jedes Mal, wenn ich diese Situation bisher erlebt habe, war es wie bei den allermeisten Menschen: Ich bin schwer atmend aufgewacht, habe ein Glas Wasser getrunken und hatte den Albtraum am nächsten Morgen schon wieder vergessen.

Lalla hat den Stein mittlerweile in ihren Schoß gelegt und streicht mit ihrer gesunden Hand darüber. Danach fasst sie sich nacheinander ins Gesicht, an den Kopf und den gelähmten Arm. Es ist ihre Art, sich vor dem Gebet rituell zu reinigen. Etwas, das sie, wie alle Menschen muslimischen Glaubens, ihr Leben lang mit Wasser getan hat, einem strengen Ablauf folgend: Zuerst wäscht man sich dreimal über die Hände und die Handgelenke. Dann spült man mit der rechten Hand jeweils dreimal den Mund und die Nase aus, benetzt dreimal das Gesicht, die Unterarme, das vordere Drittel des Kopfes, die Ohren, den Nacken und zuletzt die Füße mit Wasser. Danach ist es beispielsweise strikt verboten, die Toilette zu benutzen oder zu schlafen. Passiert eines dieser Dinge, muss der komplette Vorgang wiederholt werden, was alles in allem ein Ding der Unmöglichkeit darstellt, wenn man halbseitig gelähmt und somit an einen Gehstock und einen Rollstuhl gebunden ist. In einem solchen Fall, besagen die religiösen Regeln, kann das Wasser durch einen glatten Kieselstein ersetzt werden. Da dieser im besten Fall in einem fließenden Gewässer gelegen haben sollte, sind mein Bruder und ich während unserer Familienurlaube immer wieder durch Flussbetten im Allgäu, in Südfrankreich oder Griechenland gewatet, auf der Suche nach einem neuen perfekten Gebetsstein für Lalla. Ich möchte bezweifeln, dass es immer noch einer von ihnen ist, den sie jetzt gerade in den Händen hält, trotzdem finde ich allein die Vorstellung schön. Ich beobachte, wie Lalla den Stein mit ihrer gesunden Hand etwas umständlich zur Seite legt, langsam den Kopf senkt und ohne einen weiteren Blick in unsere Richtung das Gebet beginnt. Meine Cousine bedeutet mir mit einer Kombination aus Handzeichen und Kopfbewegung, dass sie für ein Stündchen in Richtung Schlafzimmer verschwindet, und ich überlege kurz, ob ich mich wieder den verwaisten Orang-Utans zuwenden soll. Irgendwie erscheint es mir unpassend, mich über indonesische Affenjunge zu amüsieren, während Lalla ein paar Meter weiter zu Gott spricht. Die Vorstellung, es ihr gleichzutun, ist allerdings nicht weniger merkwürdig, weshalb ich einfach still sitzen bleibe und ihr zuschaue, wie sie tief versunken in sich hineinbetet.

Schon immer war es selbstverständlich für mich, dass meine marokkanischen Großeltern sich fünfmal am Tag aus dem Familiengeschehen ausklinken, um genau das zu tun. Es gibt ein Video, in dem ich als Dreijährige schweigend neben Basidis Gebetsteppich sitze und ihn minutenlang bei seinen fließenden Bewegungen beobachte. Mein Vater hat die Szene damals unbemerkt durch einen Spalt in der Tür gefilmt, und obwohl in dem Clip nichts weiter passiert, schaue ich ihn mir jedes Mal in voller Länge an und versuche, unter meinem konzentrierten Blick und der schlechten Bildqualität zu erkennen, was ich in dieser Situation wohl gedacht haben könnte. Die Antwort ist: Ich weiß es nicht, aber ziemlich sicher konnte ich mit drei Jahren nicht erahnen, wie sehr mich das, was Basidi da tat, in meinem Leben noch beschäftigen würde.

Auf die Frage, an wen oder was ich glaube, habe ich in meinem Leben schon sehr viele Antworten gegeben, die alle eher uneindeutig waren und häufig das Wort »aber« enthielten. Theoretisch bin ich unter einem Dach mit zwei Religionen aufgewachsen, praktisch ist davon nicht viel mehr geblieben als doppeltes Halbwissen und geteilte Meinung über das Christentum und den Islam. Ich habe als Kind wahllos mal von Gott, mal von Allah gesprochen, bis ich irgendwann lernte, dass diese Worte nur andere Bezeichnungen für ein und dasselbe allmächtige Wesen sind. Ich fand das absolut plausibel, denn diese Erklärung war die Antwort auf eine Frage, die mich schon eine ganze Weile beschäftigt hatte: Wenn Gott sich nur um Christ*innen und Allah nur um Muslim*innen kümmerte, wer von beiden war dann für mich zuständig?

Leider hielt meine Freude über die beste aller Antworten (beide sind für mich zuständig, denn sie sind eins!) nicht lange an. Je älter ich wurde, desto häufiger stellte ich fest, dass es in Deutschland sehr wohl einen Unterschied machte, ob man von Gott oder Allah sprach. Es fühlte sich anders an, es wurden andere Rückfragen gestellt und verschiedene Regeln und Bräuche vorausgesetzt, die mir in den meisten Fällen etwas sagten, jedoch nur selten Teil meines Alltags waren.

Haben wir mit der Klasse einen kirchlichen Schulgottesdienst besucht, wusste ich nicht, an welcher Stelle ich aufstehen sollte oder warum alle wie selbstverständlich nacheinander ihre Stirn und dann ihre Schultern berührten. Ich blieb sitzen, wenn meine Freundinnen sich Hostien vom Pfarrer abholten, und brauchte immer eines dieser dunklen Liederbücher mit den dünnen Seiten, um »Er hält die ganze Welt«, »Laudato si« oder »Halleluja« mitsingen zu können. Ein Großteil der Zeit fühlte ich mich so, als würde ich eine Version von mir spielen, die sehr genau weiß, was sie tut und Abläufe und Riten genauestens kennt. Nicht anders erging es mir allerdings, als wir ein paar Wochen später mit der gleichen Schulklasse einen Ausflug in eine Moschee unternahmen.

»Was steht da?«, fragte mich eine Freundin und zeigte auf dunkle Kreise an den Wänden, die mit verschlungenen arabischen Schriftzeichen beschrieben waren. Ich antwortete, dass das die ersten fünf Suren des Koran seien, hatte aber absolut keine Ahnung, ob das tatsächlich stimmte.

Im Gegensatz zur katholischen Kirche waren mir in der Moschee zumindest die Rituale und Bewegungsabfolgen vertrauter, weil mein Vater mir ihre Grundzüge im Rahmen seiner marokkanischen Früherziehung beigebracht hatte. Da Männer und Frauen traditionell in unterschiedlichen Teilen einer Moschee beten, hatten sich unsere Übungsgebete allerdings nur auf meinen Kinderzimmerteppich in Deutschland beschränkt, sodass ich nicht ganz auf die Umsetzung in der Praxis vorbereitet war. Besonders deutlich wurde mir das, als mich meine Gastmutter während meines Schuljahrs in Agadir fragte, ob ich sie mal in die Moschee begleiten wolle. Es war ein unglaublich heißer Tag, ich war am Nachmittag am Strand verabredet und fand vor der Abfahrt auf meinem Bett eine Djellaba und ein Tuch, mit dem ich meine Haare bedecken sollte. Etwa dreißig Minuten später saß ich bei 35 Grad Außentemperatur zwischen

Dutzenden von Frauen auf dem grünen Teppichboden der Moschee. Er war mit Hunderten hellen Feldern übersät, die einzelne Gebetsplätze markierten. Alle um mich herum sahen aus, als würde ihnen die Hitze überhaupt nichts ausmachen. Sie waren mit geschlossenen Augen in ihr Gebet vertieft, weshalb ich so tat, als würde auch ich voller Konzentration Koransuren vor mich hin murmeln. Stattdessen sprach ich in Gedanken:

Lieber Gott ... äh, Allah! Du weißt viel besser als ich, was all diese Frauen hier unter ihren Gewändern tragen, aber falls ich die einzige in Bikinioberteil und sehr kurzer Hose sein sollte, weil sich das nicht gehört oder so, dann bitte ich dich um Verzeihung. Es ist wirklich sehr warm und ich wusste nicht, wie ich mich sonst gleich am Strand vor den anderen umziehen soll. Da, wo wir uns treffen, gibt's keine Umkleiden und es sind auch mindestens vier Jungs dabei. Ansonsten ist alles gut bei mir. Drück mir die Daumen für mein Referat morgen in Französisch. Oder nein, sorg doch bitte einfach dafür, dass das gut wird und niemand merkt, wie lieblos ich die Präsentation zusammengebaut habe. Danke dir und keine Sorge: Ich mach' ab jetzt hier wieder richtig mit.

Nach dem Ende des Gebets setzte mich meine Gastmutter am Strand ab, und der Nachmittag wurde zu einem der schönsten des Jahres. Für das Referat am nächsten Tag bekam ich 17 von 20 Punkten, was im deutschen Notensystem etwa einer Eins minus entspricht. Ob Allah dafür verantwortlich war oder nur die Tatsache, dass ich mich abends doch noch mal ausgiebig mit der Präsentation beschäftigt hatte, kann ich natürlich nicht sagen. Aber genau das ist es, was Religion so kompliziert macht: Sie lässt sich weder logisch aufschlüsseln noch rational erklären. Ich kann nachvollziehen, dass Glaube im Alltag Halt geben und Sicherheit vermitteln kann, aber ich verstehe auch all jene, die das komplett anders sehen.

Die ersten achtzehn Jahre meines Lebens war ich der festen Überzeugung, dass ich einfach noch nicht alt genug sei, um zu wissen, welcher Religion ich angehören möchte. Wenn mich jemand nach meinem Glauben fragte, antwortete ich standardmäßig, dass ich mir da noch nicht so sicher sei und ich mich als Erwachsene final festlegen würde, ob ich nun Christin oder Muslimin oder vielleicht doch etwas ganz anderes sein wollte. Erst mal lebte ich mein jugendliches Leben weiter als eine Art religiöser Zwitter. Ich fastete weder wie meine deutschen Großeltern vor Ostern noch wie meine marokkanischen im Ramadan, fand aber beides auf unspektakuläre Art normal. Ich war nicht getauft und begleitete trotzdem alle meine Freundinnen am Tag ihrer Kommunionen oder Konfirmationen in die Kirche. Ich aß kein Schweinefleisch, trank aber hin und wieder Alkohol und betete nur dann, wenn mir eine Situation absolut aussichtslos erschien. Außerdem wurden, seit ich denken kann, in unserer Familie Weihnachten und das Ende des Ramadans auf so ähnliche Weise gefeiert, dass zu keinem Zeitpunkt der Eindruck entstehen konnte, eines der Feste wäre wichtiger oder cooler als das andere. Das hieß konkret: zweimal im Jahr Raclette und Geschenke, einmal mit Tanne im Wohnzimmer, einmal mit Telefonhörer am Ohr. Auch in Sachen Vorfreude sollte Weihnachten in den Augen meines Vaters unter keinen Umständen einen Vorteil gegenüber dem Ramadan haben, weshalb er in Anlehnung an den klassischen Adventskalender einen Ramadankalender erfand. Als wir ihn irgendwann fragten, ob der Weihnachtsmann eigentlich auch für die Geschenke zum Ramadanfest zuständig sei und warum wir dafür nie einen Wunschzettel hatten schreiben müssen, ließ er meinen Bruder und mich in unserem Kinderzimmer zurück und verschwand in der Küche. Wenige Minuten später klingelte das Telefon. Es lag auf dem Bett meines Bruders, ich ging ran.

»Salam Alaikum. Ist da Mona?«, fragte eine tiefe Männerstimme.

»Äh ... ja ...?«

»Hier ist der ...« Es entstand eine kurze Pause, dann fuhr die Stimme fort: »... der Zuständige für die Geschenke zum Ramadanende.«

Mein Mund klappte auf, mein Bruder sah mich an, ließ den Wachsmalstift sinken und sprang auf.

»Ich bin zu weit weg und kann leider nicht vorbeikommen, aber ich rufe an, um nach euren Wünschen zu fragen.«

Wir starrten mit aufgerissenen Augen auf den Hörer. Nach einem kurzen Schockmoment erzählten wir ihm mit heißen Wangen von ferngesteuerten Autos, einer Turnstange für den Garten und diesem großen Puzzle aus dem Spielzeugladen in der Stadt. Eine Etage tiefer klemmte sich mein Vater den Hörer zwischen Schulter und Ohr und schrieb mit.

Natürlich änderte sich auch nach meinem achtzehnten Geburtstag überhaupt nichts an meinem religiösen Nebelfeld. Im Gegenteil. Je mehr ich mich mit dem Christentum und dem Islam beschäftigte, desto skeptischer wurde ich. Ich landete in Internetforen, die voll waren mit Fragen wie »Darf ich als Christin ›Mashallah‹ sagen, ohne zu sündigen?«, »Ist mein Fasten ungültig, wenn ich an etwas Unsittliches denke?«, »Darf man als Moslem Katzen halten?«, »Bin ich immer noch eine Katholikin, wenn ich verhüteten Sex mit einem fremden Mann hatte?« und »Wie kann ich den Dschinn in meinem Innern loswerden, der mir jeden Tag schlimme Gedanken in den Kopf treibt?«.

Am liebsten hätte ich diesen Menschen mit »Natürlich!«, »Nein!«, »Ja!«, »Ja!« und »Lass dir einen Termin in einer Praxis für Psychotherapie geben!« geantwortet. Andererseits war ich mir manchmal unsicher, ob es so etwas wie den Dschinn nicht vielleicht doch gab. Immerhin glaubte jede zweite Hausfrau in

Marokko, dass man ihn heraufbeschwören konnte, indem man heißes Wasser in den Ausguss kippte oder auf der Straße über einen Gully-Deckel lief. Sehr wahrscheinlich war das nicht mehr als ein uralter harmloser Aberglaube, totaler Quatsch, ein Hirngespinst, aber noch hatte das niemand endgültig beweisen können.

Sicher war ich mir jedoch in einer Sache: Keine Religion sollte mir vorschreiben, was ich zu sagen oder zu denken hatte. Ob ich in Zukunft Katzen, Rennmäuse oder Zirkuspferde halten, mir die Augenbrauen grün färben oder jemanden, auf welche Art auch immer, lieben wollte, sollte einzig und allein meine Entscheidung sein. Ich kam zur Erkenntnis, dass wir uns alle selbst im Klaren sein müssen, wie eng wir das Korsett schnüren, das Religion um unser Leben legt. Die einen fühlen sich damit im Alltag gestützt, anderen nimmt es den Atem. Ich gehöre zu letzterer Gruppe, und wenn mich heute jemand fragt, woran ich glaube, dann gibt es genau drei Szenarien:

1. Ich kenne die Person nicht gut, mag sie nicht besonders und habe keine Lust auf Diskussionen oder komische Rückfragen. Dann sage ich, dass ich die Frage ganz schön frech und viel zu persönlich finde. Schließlich erkundigt sich ja auch niemand einfach so auf der Straße nach der Partei, die ich bei der letzten Bundestagswahl gewählt habe, oder nach der Farbe und Form meiner Unterwäsche. An wen oder was ich glaube, geht niemanden etwas an außer mich selbst. Und damit ist das Gespräch beendet.[6]

---

6 Dieser Text ist leider pures Wunschdenken. Das alles spreche ich in der Regel nur in meinem Kopf klar und deutlich aus und antworte dann meist doch so wie in Szenario 2 beschrieben.

2. Ich kenne die Person nicht gut, finde sie aber durchaus sympathisch und habe trotzdem keine Lust auf Diskussionen oder komische Rückfragen. Dann sage ich, dass ich an die Wissenschaft glaube oder wahlweise an das Gute im Menschen. Ersteres stimmt, ist aber in meinem Fall nur ein Teil der Wahrheit und lediglich die sicherste Variante, um das Thema schnell und unspektakulär zu beenden. Letzteres stimmt eigentlich auch, aber es reichen zehn Minuten in einer Kommentarspalte bei Facebook, um mich doch wieder daran zweifeln zu lassen.

3. Ich kenne die Person, mag sie und habe Zeit. Dann sage ich genau das, was ich denke, nämlich, dass die Sache mit dem Glauben bei mir irgendwie kompliziert ist. Dass ich mir eigentlich wünschen würde, religiös zu sein, weil ich der Überzeugung bin, dass Religion vor allem in harten Zeiten eine verdammt gute Begleiterin sein kann. Dass ich es leider trotzdem nicht bin, weil Glaube für mich zu abstrakt ist und ich in jeder Religion Regeln oder Traditionen finde, die ich für schwachsinnig, falsch oder unlogisch halte. Dass ich auf jeden Fall an etwas glaube, aber die Argumente, die für die Existenz von Gott sprechen, mich leider auch nicht immer vollkommen überzeugen. Dass ich mich in Kirchen oder Moscheen noch nie richtig wohl gefühlt habe, weil ich denke, dort nicht ich selbst sein zu können. Der Geruch von Weihrauch brennt in meinem Kopf, und ich möchte mich auch nicht jedes Mal verkleiden müssen, um beten zu dürfen. Ich sage, dass ich mir solche Gedanken lange verboten habe, weil ich wusste, dass sowohl der christliche als auch der muslimische Glauben für Teile meiner Familie sehr wichtig sind und waren. Dass ich meinen Eltern dankbar bin, weil sie mir Dinge beigebracht, sie mir aber nicht übergestülpt haben. Dass ich lange Zeit nicht wusste, was ich mit dem La-

bel Religion in meinem Leben anfangen sollte, ich es heute aber völlig ausreichend finde, einfach die besten Werte und Normen aus zwei Glaubenswelten in mir zu tragen. Niemand sollte sich für andere in eine Schublade zwängen, die im Grunde viel zu eng ist, nur weil es die bequemste aller Lösungen zu sein scheint.

14

Es klingelt. Lalla und ich zucken zeitgleich zusammen und schauen in Richtung Flur. Da niemand reagiert, schlüpfe ich in meine Hausschuhe und laufe vorbei an Fernseher, Schlafzimmer, Küche und Bad bis zur blinkenden Freisprechanlage an der Haustür.

»Wer?«, frage ich auf Arabisch in den Hörer, weil das hier alle immer so machen, wenn es an der Tür klingelt.

»Öffnen!«, ertönt eine Frauenstimme durch den Hörer, und ich drücke den entsprechenden Knopf am Gerät, weil das hier alle immer so machen, wenn jemand durch den Lautsprecher »Öffnen!« sagt. Schon seit Jahren merke ich regelmäßig an, dass das kein besonders ausgeklügeltes Verfahren ist, um das Haus vor Einbruch zu schützen, und es sehr viel sicherer wäre, wenn die Person unten am Eingang kurz ihren Namen nennen würde. Als jetzt eine Frau Mitte 50 schwer atmend die Treppe heraufkommt, stelle ich jedoch fest, dass mir in diesem Fall auch ein Name nichts genützt hätte, denn offensichtlich kenne ich sie nicht. Sie trägt ein eng gebundenes weißes Kopftuch, eine graue Djellaba und eine Handtasche mit kurzem Henkel. Als sie mich in der Tür stehen sieht, lacht sie auf, ruft meinen Namen und zieht mein Gesicht zu sich heran, um mich abwechselnd auf beide Wangen zu küssen. Diese Form der Begrüßung kann, vor allem mit weitestgehend Fremden praktiziert, zu allgemeiner Unsicherheit führen, denn je nach Region, Person oder Stimmung kann die Anzahl der Küsschen von einem bis unbestimmt vielen variieren. Erst seit ich weiß, wie man sich unauffällig vom Gegenüber führen lässt, um nicht ins Stocken zu geraten oder zu verkrampfen, bin ich entspannter, wenn ich in Marokko auf mir unbekannte Bekannte treffe. In diesem Fall bekomme ich insgesamt neun Küsschen, wovon die Frau die ersten vier je abwechselnd auf meine rechte und linke und die letzten fünf nur noch nacheinander auf meine rechte Wange platziert. Die Millisekunde zwischen jedem Kuss nutzt sie für Small Talk, was ich schon sehr häufig erlebt, aber noch nie verstanden habe. Wieso wartet sie nicht einen kurzen Moment ab und spricht danach in Ruhe mit mir? Stattdessen klingt ihre Begrüßung übersetzt in etwa so: »Alles ...«, Küsschen rechts, »in Ordnung?«, Küsschen links, »Wie ...«, Küsschen rechts, »geht's?«, Küsschen links, »Was macht ...«, Küsschen rechts, »... die Gesundheit?«, Küsschen rechts, »...die Mutter?«, Küsschen rechts, »...der Vater?«, Küsschen rechts, »Du Hübsche!«, Küsschen rechts.

Anfänger*innen im marokkanischen Küsschen-Game rate ich dringend, auf all diese Fragen nicht zu antworten, denn es gleicht einem Ding der Unmöglichkeit dies zu tun, ohne dabei den Rhythmus komplett durcheinanderzubringen. Nach über zwanzig Jahren Übung schaffe ich es zumindest, an den richtigen Stellen »Hallo!«, »Danke!«, »Gut!« und »Willkommen!« zu sagen. Am nächsten Level, den Rückfragen, feile ich noch, denn die müssen so perfekt gestellt sein, dass das Gegenüber sie zwar registriert, aber sofort als rhetorische Fragen erkennt. Ehrliches Interesse am Gesamtzustand einer Person hat im ersten Teil des marokkanischen Begrüßungsrituals nichts verloren, denn dieser dient einzig und allein dem Zweck, eine möglichst große Menge an Höflichkeiten auszutauschen, die gar nicht besonders höflich wirken sollen.

Als Nächstes läuft die Frau, die mich anscheinend sofort erkannt hat, während ich immer noch keine Ahnung habe, um wen es sich handelt, ganz selbstverständlich an mir vorbei ins Wohnzimmer. An der Grenze zum Teppich zieht sie ihre Schuhe aus, begrüßt Lalla auf dieselbe Art und Weise wie mich – mit dem Unterschied, dass diese physisch nicht in der Lage ist zu antworten – und setzt sich mit einem tiefen Seufzer an die Stelle, an der bis vor zwei Minuten noch ich gesessen habe. In dem Moment, in dem ihr Hinterteil den Stoff des Sofas berührt, beginnt Teil zwei der Begrüßungsabläufe: der echte Small Talk. Ich werde noch mal gefragt, wie es mir geht, was die Gesundheit macht, die Arbeit, die Mutter, der Bruder, das Wetter in Deutschland und diesmal sind Antworten nicht nur möglich, sondern auch ausdrücklich erwünscht. Im Rahmen meiner sprachlichen Möglichkeiten erzähle ich, dass meine Mutter wohlauf, aber diesmal zu Hause geblieben ist, dass ich Journalistin bin und dass es in Köln gerade regnet.

»Ah! Hier hat es schon seit Monaten nicht mehr geregnet!«, ruft die Frau und hebt klagend ihre Handflächen in Richtung Zimmerdecke. Ich schaue hinter ihr durchs Fenster auf den blauen Himmel und versuche so viel Mitleid wie möglich in meinen Blick zu legen, aber so richtig will es mir nicht gelingen.

»Allah Allah!«, ruft Lalla in dem Moment, und es dauert nur wenige Sekunden, bis Karima im Raum steht, bei der ich mir seit Tagen unsicher bin, ob sie nicht doch vielleicht Samira heißt. »Allah Allah«, sagt Lalla noch einmal und zeigt auffordernd auf den Wohnzimmertisch. Karima (oder Samira) nickt und verschwindet in die Küche.

Ich habe schon als Kind aufgehört, mich an die Hausmädchen bei Lalla und Basidi zu gewöhnen, denn keines von ihnen hatte ich je zwei Jahre in Folge gesehen. Khadija war beim Klauen erwischt worden, Jamila nach fünf Wochen einfach verschwunden, Malika wuchs plötzlich ein Babybauch, Saida hatte sich mit Lalla zerstritten, Nassira litt unter chronischem Husten, Fatiha konnte nicht kochen und Hafida wollte ständig Karate in der Küche machen. Mit Karima hatte es bisher noch keine Probleme gegeben, aber das war sicherlich nur eine Frage der Zeit.

Kurz erschrecke ich mich, wie abgebrüht meine Gedanken gegenüber einer jungen Frau sind, die wahrscheinlich nicht mal mein Alter hat und deren Alltag daraus besteht, für meine kranke Großmutter, und gerade auch für mich, zu putzen, zu waschen und zu kochen. Trotzdem glaube ich zu wissen, woher diese Gleichgültigkeit kommt. Bei unseren Besuchen in Fès habe ich als Kind immer beobachtet, dass meine Eltern unsere Wertsachen vor den Hausmädchen versteckten, und zurück in Deutschland lauschte ich aufgebrachten Telefonaten, in denen mein Vater erfuhr, dass es wieder einmal ein neues Problem mit Jamila, Fatiha oder Khadija gegeben hatte. Dass viele dieser Frauen eigentlich noch Mädchen waren, ihre Familien auf dem Land verlassen und nie eine Schule besucht hatten, war mir damals natürlich nicht klar. Auch nicht, wie viel Glück sie hatten, dass sie bei so friedlichen Menschen wie Lalla und Basidi gelandet waren und nicht etwa in einem der vielen Mittel- oder Oberschicht-Haushalte, die ihre Hausmädchen wie Dreck behandeln. Im Jahr 2009 haben sich in Marokko über 20 verschiedene Organisationen und Initiativen zu einem Kollektiv zusammengeschlossen, das sich gegen die Anstellung von minderjährigen Hausangestellten einsetzt. Sie haben vor vielen Jahren die erste und einzige Studie zu den sogenannten »Petites Bonnes« in Auftrag gegeben und schätzten anhand ihrer Erhebungen, dass im Jahr 2010 in Marokko zwischen 60.000 und 80.000 Mädchen unter 15 Jahren als Hausangestellte beschäftigt waren. Viele von ihnen haben nicht nur unter unwürdigen Bedingungen gearbeitet, sondern auch Gewalt erfahren und Aufgaben verrichtet, die ihre psychischen und physischen Fähigkeiten überschritten. Erst im Jahr 2018 trat in Marokko ein Gesetz in Kraft, das die Rechte von Hausmädchen insgesamt stärken und das Anstellen von Minderjährigen offiziell verbieten sollte. Seitdem gibt es zwar immer wieder Kritik an fehlenden Kontrollmaßnahmen und Konzepten zur Identifikation und Reintegration von Zehntausenden von Mädchen, die mit dem Eintreten der neuen Regelungen ihre Arbeit verloren haben, trotzdem waren sie ohne Zweifel ein wichtiger Schritt in die richtige Richtung.

Die fremde Frau redet noch immer, wobei unser Gespräch mittlerweile in einen Monolog übergegangen ist, den Lalla hin und wieder mit einem Nicken oder Schulterzucken begleitet. In einer kurzen Pause entschuldige ich mich bei den beiden, stehe auf und gehe in die Küche. Karima steht mit dem Rücken zu mir am Gasherd und steckt Minzzweige in eine dampfende Teekanne. Als ich mich räuspere, dreht sie sich um und lächelt mich an. Obwohl es draußen sonnig und heiß ist, trägt sie einen ausgewaschenen Jogginganzug aus Fleece mit einem Katzenaufnäher auf dem Rücken. Ihre nackten Füße stecken in ein paar alten Schlappen, um die Hüfte hat sie eine Küchenschürze gebunden.

»Möchtest du, dass ich dir helfe?«, frage ich auf Arabisch. Sie lächelt weiter und nickt schüchtern. Auch ich bin etwas unsicher und bleibe einfach stehen, weil ich keine Ahnung habe, womit ich ihr gerade helfen könnte. Als sie mein Zögern bemerkt, holt sie eine große Plastikdose aus dem Regal und stellt sie vor mir auf die Arbeitsfläche. Während ich einen runden Keks nach dem anderen auf einen Teller drapiere, überlege ich, wie ich ein Gespräch beginnen könnte.

»Wie alt bist du?«, frage ich irgendwann und warte ab.

»Zweiundzwanzig«, antwortet sie und holt dabei ein silbernes Tablett unter der Spüle hervor. Ich überlege kurz. Mit zweiundzwanzig war ich im vierten Semester an der Uni, hatte mein erstes eigenes Auto schon wieder verkauft und stand kurz davor, für ein Volontariat beim Westdeutschen Rundfunk nach Köln zu ziehen. Ich schweige und merke, dass ich den Teller so sehr mit Keksen überladen habe, dass die ersten an der Seite bereits heruntergefallen sind. Ich lege sie zurück auf den Berg und stelle ihn zur Teekanne und drei noch leeren Gläsern auf das Tablett. Gerade als Karima danach greifen will, komme ich ihr zuvor und hebe es an, um damit ins Wohnzimmer zu gehen. »Danke ... äh ...«, setzt sie an, stockt dann und senkt ihren Blick in Richtung Boden. »Ich habe leider deinen Namen vergessen«, sagt sie und schaut mich entschuldigend an. »Wie heißt du noch mal?«

15

Es klingelt schon wieder. Ich stelle mein Teeglas ab, laufe zur Haustür, lege den Hörer ans Ohr und frage »Wer?«.

»Öffnen!«, ertönt diesmal eine knarzende Männerstimme durch den Lautsprecher. Ich halte kurz inne, drücke dann doch den Knopf und höre, wie jemand in einer mir sehr bekannten Gleichmäßigkeit die Treppe heraufsteigt.

»Papa, diese Anlage ist so schlecht, ich hab' nicht mal deine Stimme erkannt!«, rufe ich ihm durch den Hausflur entgegen.

»Ich weiß«, antwortet er und hebt seinen Kopf, um mich von unten sehen zu können. »Aber wenn jemand ›Öffnen‹ sagt, dann öffne einfach.« Ich grinse, verkneife mir einen Kommentar und frage stattdessen: »Hast du doch noch einen Mietwagen bekommen?« Er erreicht die letzte Stufe und hält mir einen Schlüssel vors Gesicht. »Ja! Eigentlich waren alle Autos für heute vergeben, aber irgendwo hat der Typ dann doch noch eins herbekommen. Gerade mal zwei Wochen zugelassen, total sauber, fährt sich super.« Ich tue überrascht, obwohl ich es nicht bin. Genauso läuft es eigentlich immer, wenn wir in Marokko ein Auto mieten wollen, und ich frage mich jedes Mal, wo eine Autovermietung, die eigentlich alle verfügbaren Fahrzeuge vermietet hat, innerhalb von wenigen Stunden einen Neuwagen herbekommt, der noch frei ist.

»Ist jemand zu Besuch?«, fragt mein Vater leise, als er die Tür hinter sich schließt, und ich nicke.

»Eine Frau, die mich kennt, ich sie aber nicht.«

»Ah! Sicherlich eine Cousine.«

»Ja, sicherlich.«

Eine Dreiviertelstunde später lasse ich mich auf den Beifahrersitz des Wagens fallen und muss gestehen, dass er tatsächlich zu den komfortabelsten Autositzen gehört, auf denen ich in Marokko je gesessen habe. Ich schnalle mich an, und mein Vater fährt mit einem kurzen Schulterblick auf die leere Hauptstraße vor Lallas Haus. Nicht mal dreißig Minuten sind vergangen, seit er mit dem Schlüssel in der Hand vor mir gestanden hat, doch ziemlich schnell wurde deutlich, dass die Cousine anscheinend keine von der Sorte war, die meinen Vater lange im Wohnzimmer halten konnte. Schon nach einem halben Glas Tee erklärte er, dass wir leider noch mal losmüssten, und zur Bekräftigung seiner gespielten Untröstlichkeit nickte ich, obwohl ich mal wieder keine Ahnung hatte, was sein Plan war.

»Wohin fahren wir?«, fragte ich, als er das Gartentor hinter uns zu- und das Auto vor uns aufgeschlossen hatte. Seine Antwort war wie immer knapp, aber präzise: »Wir fahren zu Basidi.«

Ich habe bisher in meinem Leben zwei Menschen verloren, die mir nahestanden: meinen Opa in Deutschland und, wenige Jahre später, meinen Opa in Marokko. Der eine war schon lange krank, sodass wir ihm dabei zusehen mussten, wie er viel zu früh immer weniger wurde und irgendwann ganz verschwand. Der andere wurde (vermutlich) sehr alt, kam plötzlich ins Krankenhaus und schlief drei Tage später völlig überraschend ein. Die Trauer verhielt sich in beiden Fällen vollkommen deckungsgleich zu den entsprechenden Todesverläufen. Das erste Mal kam sie langsam und mit Ansage, wie eine Welle, der man zusieht, während sie sich immer weiter aufbäumt. Man weiß, dass sie auf jeden Fall brechen und einen dabei umhauen wird, aber in den Momenten kurz davor bleibt einem nichts anderes übrig, als abzuwarten und sich, so gut es geht, mental darauf vorzubereiten. Die letzten Tage in seinem Leben verbrachte mein Opa im Bett und wir als Familie versammelt eine Etage darunter im Wohnzimmer. Meine Oma und meine Mutter waren das Epizentrum der Traurigkeit, der Rest von uns trieb um sie herum, den Blick gesenkt oder vorsichtig auf die herannahende Wasserwand gerichtet. Wir wussten nicht, wie lange dieser Zustand andauern und wie sehr uns die kommende Zeit mitreißen würde, aber zumindest formell waren wir vorbereitet. Wir wussten, welche Ärztin wir kurz davor anrufen sollten und welches Bestattungsunternehmen kurz danach. Wir gaben eine Todesanzeige in der Lokalzeitung in Auftrag, verschickten Karten und bekamen welche zurück. Ich schrieb eine Rede und trug sie am Tag der Beerdigung in der gefüllten Kirche vor, im Hintergrund hielten drei Mitglieder des Schützenvereins grünweiße Fahnen in die Höhe. Es gab Gebete, Orgelstücke, Gesang und Fürbitten. Ein Freund der Familie spielte auf Wunsch meiner Mutter *Tears in Heaven* von Eric Clapton auf der Gitarre, dann wurde die Urne zum Grab gebracht, und beim Trauerkaffee lag keine Teewurst auf den Brötchen, denn die hatte mein Opa noch nie gemocht. Es war alles ausgesprochen schwer, vieles hing unausgesprochen in der Luft, und am Ende kamen die Rechnungen vom Bestatter, vom Steinmetz, vom Friedhof, vom Restaurant. Kurz gesagt: Wir hielten uns an das große Einmaleins der deutschen Kleinstadtbeerdigung.

Als Basidi starb, lief alles ganz anders. Die Trauer war keine Welle. Sie war ein Meteorit, der allen Angehörigen ohne Ankündigung mit einem Satz voll in die Magengrube knallte und uns innerhalb von Sekunden den Atem nahm. Es war Samstagmorgen, ich hatte am Abend zuvor meinen 23. Geburtstag nachgefeiert und wachte mit einem Dröhnen im Kopf auf. Als ich im Halbschlaf mein Handy vom Nachttisch meines Freundes fischte, wusste ich noch nicht, dass der Kopfschmerz im nächsten Augenblick meine kleinste Sorge werden sollte. Ich entsperrte den Bildschirm, las erst die Uhrzeit ab und dann die Nachricht, die der Messenger mir als Vorschau anzeigte:

Papa, 04:07 Uhr
Basidi lebt nicht mehr.

Der Meteorit schlug ein, und während ich im Bett nach Luft rang, war mein Vater schon auf dem Weg zum Flughafen. Am Telefon stammelte er irgendetwas, das von zu lauten Fahrgeräuschen auf der Autobahn und zu viel Schock in seiner Stimme verschluckt wurde, entschuldigte sich dann für die Nachricht in der Nacht, sagte, sie sei ein Reflex gewesen, dass er nicht gewusst habe, ob man sie einfach wieder löschen könne und dass er jetzt gerade nicht wisse, ob er es noch rechtzeitig zur Beerdigung schaffe. Als ich auflegte, stand mein Freund mit einem Teller voller Apfelspalten vor mir und sagte: »Sorry, ich wusste nicht, was ich sonst tun soll.« Ich nickte vollautomatisch, nahm den Teller und versuchte meine Gedanken zu sortieren. Basidi lebt nicht mehr. Basidi lebt nicht mehr. Scheiße. Wann hab ich ihn das letzte Mal gesprochen? Ich weiß es nicht. Papa fliegt jetzt gleich nach Marokko. Ich sitze hier vor geschnittenem Obst und weine. Ist das richtig? Ist das falsch? Soll ich mitfliegen? Darf ich mitfliegen? Wieso ist Mama nicht bei ihm? Ich muss Mama anrufen. Ich muss meine Zähne putzen, bevor ich die Äpfel esse. Ich muss nach Hause. Dann muss ich irgendwie nach Marokko. Und dann ... ja, was dann eigentlich? Ich hielt inne und für einen Moment war da nur ein einziger sehr klarer Gedanke in meinem Kopf: Ich habe keine Ahnung, was jetzt passieren wird.

Bis zu diesem Tag hatte ich noch nie darüber nachgedacht, wie Sterben im Islam funktioniert. Warum auch? Nur die wenigsten Kinder beschäftigen sich ohne konkreten Anlass freiwillig mit kulturellen Differenzen in Sachen Beerdigungsriten, und kaum ein Vater beginnt aus dem Nichts ein Gespräch mit den Worten: »So, meine liebe Tochter, jetzt klären wir mal ganz in

Ruhe, was genau die Abläufe sein werden, wenn dein Großvater irgendwann tot ist.« Wobei, vielleicht hätte mein Vater das in einem seiner rationalen Momente tatsächlich getan, wenn er die Abläufe selbst gekannt hätte. Dass das anscheinend nicht vollständig der Fall gewesen war, erfuhr ich erst, als meine Mutter und ich drei Tage nach Basidis Tod in Fès am Flughafen landeten und er mit uns zunächst ins Café Titanic fuhr, statt auf direktem Wege zum Rest der Familie nach Hause.

Ich kann mich nicht erinnern, wie ich mich an diesem Tag gefühlt habe, ob ich aufgewühlt oder ruhig war, ob ich versuchte, meine Traurigkeit zu verstecken, und wie viel Respekt meine Mutter und ich vor dem hatten, was uns bei Lalla zu Hause erwarten würde. Eigentlich erinnere ich mich nur an das Gesicht meines Vaters, das vor Trauer und emotionaler Überforderung in drei Tagen um zehn Jahre gealtert zu sein schien. Er wirkte erschöpft, rieb sich immer wieder die Augen, verlor sich beim Zuhören in seinen Gedanken und beim Reden in seinen Satzteilen. Trotzdem begann er zu erzählen, noch bevor der Kellner die Teekannen abgestellt hatte:

»Ich hätte es wirklich fast nicht geschafft«, sagte er als Allererstes und meinte damit wieder die Beerdigung. Im Islam gilt die Regel, dass eine verstorbene Person innerhalb von 24 Stunden beerdigt werden muss, was nicht viel Zeit ist, wenn man bedenkt, dass Basidi mitten in der Nacht gestorben und der nächste Flug aus Deutschland erst am Mittag gestartet war. Mein Vater goss sich einen Schluck Tee ein, kippte ihn wieder zurück in die Kanne und fuhr fort:

»Direkt nach der Landung habe ich versucht, meine Schwester anzurufen, meinen Bruder, meinen Onkel, aber niemand ist ans Telefon gegangen. Also habe ich keine andere Möglichkeit gesehen, als mit einem Mietwagen so schnell wie möglich nach Hause zu fahren, in der Hoffnung, dass sie alle noch dort sind.« Er unterbrach die Geschichte, und ich war mir sicher, dass er sich in diesem Moment durch die Haare gefahren wäre, hätte er noch welche gehabt. Stattdessen rieb er sich noch einmal die Augen, und wir warteten ab, bis er weitererzählte:

»Ich hatte sowieso schon das Gefühl, dass sich die Fahrt ewig hinzog, und dann musste ich auch noch an einem Kreisverkehr warten ... diesem großen, an dem man danach zum Haus abfährt, wo dann rechts der kleine Laden kommt ...« Er sah uns an, um zu prüfen, ob wir ihm geografisch folgen konnten, und nickte, als wir ihm signalisierten, dass wir natürlich wussten, von welchem Kreisverkehr er sprach. »... Jedenfalls, an diesem Kreisverkehr musste ich eine Autokolonne durchlassen, die einfach nicht enden wollte. Das hat mich erst richtig sauer gemacht, aber auf einmal habe ich in einem der Autos einen Cousin erkannt, dann noch einen Nachbarn und einen Freund der Familie, und dann bin ich denen einfach hinterhergefahren.«

»Du bist durch Zufall in Basidis Trauerkonvoi geraten?«, fragte ich und setzte die Geschichte in Gedanken schon auf die Liste mit Argumenten, die definitiv für die Existenz von Gott sprachen.

»Ja, irre war das«, antwortete mein Vater und schüttelte den Kopf. »Wir sind dann am Friedhof angekommen, und ehrlich, ich hatte keine Ahnung, was da genau passieren würde. Ich bin natürlich schon auf Beerdigungen in Marokko gewesen, aber nur als Kind irgendwo ganz hinten in der Menschenmenge. Diesmal musste ich, in diesem Zustand aus Schock und Erleichterung, an allen vorbei nach vorne und meinen Vater zusammen mit meinem Bruder ins Grab legen.«

»Im Sarg, oder?«, ergänzte meine Mutter.

»Nicht im Sarg«, korrigierte mein Vater.

»Nicht im Sarg?«, fragte ich.

»Nicht im Sarg«, wiederholte er und ergänzte: »Basidi war nackt in ein Tuch gewickelt, und wir mussten unsere Schuhe ausziehen.« Sofort ploppte in meinem Kopf ein Bild auf, das meinen Vater zeigte, wie er, nach einer Nacht ohne Schlaf, einem überstürzten Aufbruch und einem Flug voller Trauer und Ungewissheit, auf Socken in einem menschengroßen Loch stand. Allein dieser Gedanke sorgte dafür, dass sich der Bindfaden um meine Luftröhre langsam wieder zuschnürte. Zum Glück sprach meine Mutter in dem Moment genau den Gedanken aus, der mich die ganze Zeit schon quälte: »Es tut mir leid, dass wir nicht früher hier sein konnten.« Mein Vater sah uns an, schwieg einen Moment zu lange und murmelte dann in Richtung seiner Teetasse, dass das eh nichts geändert hätte. Ich wurde wütend: »Natürlich hätte es was geändert! Ich bin deine Tochter und Mama ist deine Fr–«

»Frauen sind hier bei einer Beerdigung nicht erlaubt, Mona.«

Jetzt war ich diejenige, die schwieg. Das konnte er nicht ernst meinen. Ich starrte ihn prüfend an. Doch, er meinte es ernst, und diese Erkenntnis schlug ein wie ein zweiter Meteorit. Egal welchen Flieger ich erwischt hätte, egal wann ich hier gewesen wäre, ich hätte nicht bei Basidis Begräbnis dabei sein dürfen? Weil ich eine Frau war?

»Oh«, machte meine Mutter. Mehr nicht. Sie sah mich an, und wie so oft reichte dieser kurze Blickwechsel zwischen uns. »Jetzt ist, glaube ich, nicht der richtige Zeitpunkt, um über die Rolle der Frau im Islam zu diskutieren«, sagten ihre Augen. »Stimmt, aber ganz sicher muss dieses Gespräch noch folgen«, antworteten meine.

Erst mal folgten jedoch Tage, in denen ich erlebte, wie sehr sich Trauerphasen kulturell unterscheiden können. Während in Deutschland in der Zeit nach dem Tod meines Großvaters nicht nur Rechnungen, sondern auch Hunderte Karten mit schwarzen Streifen und sich nach und nach wiederholenden Sprüchen im Briefkasten meiner Oma gelandet waren, saßen in Marokko permanent echte Menschen auf dem Sofa. Klingelte es an der

Tür, kam meist irgendeine Nachbarin oder Cousine oder Nachbarin einer Cousine herein, setzte sich schweigend direkt neben Lalla, seufzte hin und wieder ein wenig und murmelte erst dann einen Abschiedsgruß, wenn die Klingel erneut ertönte. Ich fragte mich, ob diese stummen Besuche eine gängige Form der Anteilnahme oder nur der Tatsache geschuldet waren, dass Lalla sowieso nicht sprechen konnte, behielt diesen Gedanken jedoch für mich. Überhaupt stellte ich mir in diesen Tagen viele Fragen, auf deren Antwort ich freiwillig verzichtete, um so wenig wie möglich aufzufallen oder zu stören. Einmal, wir waren gerade dabei, den Tisch fürs Abendbrot zu decken, klingelte es, und statt einer Frau betraten zwei Männer das Wohnzimmer. Sie trugen lange schwarze Gewänder, und ihre Gesichter verschwanden fast vollständig unter den Schatten dunkler Kapuzen. Bei ihrem Anblick wurden mein Vater und seine Geschwister von einer Sekunde auf die nächste steif, und als die Besucher an ihnen vorbeigelaufen waren, bedeuteten sie uns hektisch hinter ihren Rücken, dass wir uns setzen und leise verhalten sollten. Ohne Ankündigung oder Aufforderung begannen die Männer in monotonem Rhythmus zu sprechen. Ihre Stimmen waren dunkel und tief und wurden mit jedem Satz lauter und intensiver. Ich verstand nur einzelne Worte, aber alles, was ich hörte, klang bedeutungsvoll und fast ein bisschen bedrohlich. Ich saß, wie alle anderen, regungslos in einer Ecke des Sofas, versuchte mit aller Kraft das Knurren in meinem Magen zu unterdrücken und schaute vorsichtig zu meiner Mutter hinüber. Seit fast 30 Jahren kannte sie Lalla und Basidi, hatte schon unzählige Wochen in ihrem Haus verbracht, aber diese Situation schien auch ihr vollkommen fremd zu sein.

»Was passiert hier?«, fragte sie wieder stumm, als sich unsere Blicke trafen.

»Ich habe absolut keine Ahnung«, antwortete ich mit einem leichten Schulterzucken und schaute flehend auf den gedeckten Tisch, um ihr zu signalisieren, wie groß mein Hunger war. Sie nickte und ihr Mund formte ein lautloses »Ich auch«, woraufhin mein Vater uns einen strengen Blick zuwarf und wir ertappt unsere Lippen zusammenkniffen. Es dauerte eine gefühlte Ewigkeit, aber nach fast 45 Minuten, als ich schon kaum mehr damit rechnete und meinen Magen längst einfach hatte knurren lassen, verstummten die Stimmen. Die kleine Uhr neben dem Fernseher tickte, niemand rührte sich, nur die beiden Männer standen wortlos auf, nickten unter ihren Kapuzen einmal in alle Richtungen und verschwanden im Treppenhaus.

An einem anderen Tag fuhren wir als Familie zum ersten Mal nach der Beerdigung zu Basidis Grab. Meine Tante, die seit Tagen nicht aufgehört hatte zu weinen, stand vor der Abfahrt in der Küche und befüllte lauter Plastikflaschen mit Leitungswasser. Am Friedhof angekommen, entleerte sie sie nacheinander über der nackten Erde auf Basidis Grab und weinte noch ein bisschen mehr, während mein jüngster Cousin mit einer solchen Melancholie in der Stimme Suren aus dem Koran rezitierte, dass auch mir die Tränen kamen. Ich fragte nicht nach, wer die Rechnungen für den Totentransport, die Beerdigung und die Feier danach beglichen hatte, ich fragte nicht nach, ob meine Tanten und Lalla es nicht auch unfair fanden, dass bei der Zeremonie am Friedhof nur Männer erlaubt gewesen waren, und ich fragte ebenfalls nicht nach, was nun aus Basidis ganzen Büchern werden würde. Vieles, was tagsüber geschah, verstand ich nicht, und dass niemand mehr schlurfend hereinkommen und auf eine lieblose Art liebevoll Schokolade verteilen würde, verstand ich schon mal gar nicht.

Erst abends, wenn die Klingel stumm blieb und Lalla im Bett war, entspannte ich mich und stellte mir vor, wie die Last der vergangenen Stunden langsam von unser aller Schultern rann, auf dem Wohnzimmerboden zu einer Pfütze zusammenfloss und nach und nach verdampfte. Mein Onkel, der seit Jahren in Amerika lebte, erzählte, wie er zwei Tage zuvor weinend am Flughafen in San Francisco gestanden und immer wieder von fremden Menschen umarmt worden war mit den Worten »Yeah, we know, it's pretty hard!« oder »Man, you'll always be welcome! Fight for your rights!«. Der amtierende US-Präsident Donald Trump hatte am Vortag einen kurzfristigen Einreisestopp für Personen aus Syrien, Lybien oder Iran verhängt, weshalb ein weinender arabisch anmutender Mann natürlich für einen aufgelösten Menschen gehalten worden war, der kurz vor seiner Ausweisung stand.

»Das Problem war«, beendete mein Onkel die Geschichte, »dass ich mit jedem mitleidigen Blick nur noch ein bisschen trauriger wurde, was wiederum dazu geführt hat, dass ich heftiger weinen musste und so natürlich immer mehr Menschen auf mich aufmerksam gemacht habe.«

Obwohl diese Geschichte nüchtern betrachtet auf sehr vielen Ebenen alles andere als lustig war, lachten wir. Laut und lange und es fühlte sich kein bisschen falsch, sondern sehr, sehr richtig an. Am nächsten Tag trugen meine Cousine und ich ein paar Kisten aus Basidis Zimmer ins Wohnzimmer und fanden zwischen seinen Büchern voller Notizen auch alte Schulhefte, mittelmäßige Zeugnisse und sehr explizite Liebesbriefe, die eindeutig nicht an ihn, sondern an einen seiner Söhne gerichtet waren. Mein Vater übersetzte und wir lachten wieder. Diese Stunden, in denen niemand von uns krampfhaft versuchte, Konventionen einzuhalten, das Richtige zu sagen oder zu schweigen, weil es sich so gehörte, sind der Grund, warum ich die Tage nach Basidis Tod auch Jahre später immer noch als etwas Positives in Erinnerung habe. Etwas, das mich der marokkanischen Kultur nur begrenzt nähergebracht hat, meiner Familie dafür umso mehr.

Als mein Vater und ich auf den Parkplatz des Friedhofs fahren, kommen die ersten Obdachlosen schon aus den Gassen geschlichen. Sie sind der Grund, weshalb ich diesen Ort eher unheimlich als tröstlich finde, denn jedes Mal, wenn ich bislang hier gewesen war, hatten uns diese Männer bis zum Grab verfolgt und unaufhörlich auf die penetranteste Art nach Geld gebettelt.

»Ich verstehe nicht, wieso die hier ausgerechnet am Friedhof betteln«, sage ich genervt und mein Vater seufzt.

»Weil Menschen, die trauern, besonders großzügig sind.«

»... und in Ruhe gelassen werden wollen.«

»Ja, das auch. Aber ich habe während Basidis Beerdigung jeden Cent abgegeben, den ich in der Tasche hatte. Insgesamt fast einhundert Euro, aber noch nie war mir mein Geld so egal wie an diesem Tag.«

Ich nicke und schaue aus dem Autofenster auf das Meer aus weißen Gräbern, das sich den Hügel hinab ins Tal erstreckt.

»Fühlst du dich Basidi hier eigentlich irgendwie näher?«, frage ich, weil Friedhöfe bei mir eher einen gegenteiligen Effekt haben.

»Nein, aber wenn ich hier bin, erinnert mich das an den Tag, an dem er gestorben ist.«

»Mich nicht. Weil ich nicht hier sein durfte.«

»Mona, ich weiß, dass du das nicht verstehst ...«

»Genau. Ich verstehe es nicht.«

»Ich kann's dir auch immer noch nicht erklären, weil ich es natürlich auch falsch finde, aber das ist Teil unserer Religion, und die ist in einer völlig anderen Zeit entstanden, in der ...«

»... in der wir heute nicht mehr leben«, falle ich ihm ins Wort und merke, dass ich wütender klinge als geplant.

»Richtig. Aber es ist extrem schwierig, Traditionen, die sich über Jahrhunderte gefestigt haben, zu verändern und zu reformieren. Das braucht Zeit.« Mein Vater zieht den Schlüssel aus dem Zündschloss, macht aber noch keine Anstalten auszusteigen und fährt fort: »Wenn durch den Propheten überliefert wurde, dass es Frauen untersagt ist, an einem Trauerzug teilzunehmen oder Beerdigungen zu besuchen, dann ist das heute immer noch Teil des Glaubens. Auch wenn es aus westlicher, moderner und feministischer Sicht ganz viele Argumente dagegen gibt. Daran kann ich nichts ändern und du auch nicht. Wir können es nur akzeptieren oder uns dem widersetzen, das muss jeder für sich selbst entscheiden.«

Da ich nicht weiß, was ich darauf erwidern soll, öffne ich die Autotür und steige wortlos aus. Auch als wir wenige Minuten später an Basidis Grab stehen, schweigen wir und ich starre auf das große Rechteck aus Steinen vor mir auf dem Boden, das, wie alle anderen auch, von einer niedrigen Mauer umrahmt wird. Ganz kurz fühle ich mich an den Moment erinnert, als ich zum ersten Mal hier gewesen bin. Ich höre die melodischen Gebete meines Cousins, das Wimmern meiner Tante und sehe sie links von mir auf den Knien kauern, die leeren Plastikflaschen neben ihr verstreut.

»Warum hat deine Schwester eigentlich damals das ganze Wasser auf das Grab geschüttet, obwohl hier nirgendwo Pflanzen oder so was sind?«, frage ich in die Stille hinein. Mein Vater grinst. »Das habe ich mich ehrlich gesagt auch gefragt.«

16

In der darauffolgenden Nacht schlafe ich schlecht. Ich träume von Basidi, der in einem Taucheranzug an einem Seeufer steht und mir immer wieder zuruft, wie herrlich die Wassertemperatur sei. Er sieht so echt aus, so real, dass ich zu ihm laufen möchte, aber bei jedem Schritt versinke ich ein Stück tiefer im Sand. Als die ersten Körnchen mir bis zum Kinn reichen, schnappe ich nach Luft und wache auf. Im Zimmer ist es stickig, draußen noch stockdunkel. Ich wälze mich von einer Seite auf die andere, muss an den Friedhof denken, daran, wie gruselig es wäre, jetzt dort zu sein, mit all den Schatten und Gestalten, die schemenhaft in jeder Ecke sitzen. Und ich denke an Basidi, der einsam unter der Erde liegt, in einem Zustand, für den meine Vorstellungskraft nicht ausreicht.

»Warum träume ich immer so eine Scheiße?«, flüstere ich in die Dunkelheit und setze mich auf. Ich blicke mich im Zimmer um, kann den alten Holzschrank und die Kommode neben dem Bett nur erkennen, weil ich weiß, dass sie da sind. Durch einen Spalt im Vorhang fällt ein schmaler Streifen schwaches Mondlicht. Kurz spiele ich mit dem Gedanken, auf die Dachterrasse zu gehen, über die Ruhe der nächtlichen Stadt und in den Himmel zu blicken. Ein bisschen frische Luft würde mir sicher guttun, und Durst habe ich auch, aber der dunkle Flur, das dunkle Treppenhaus und sogar die dunkle Küche machen mir Angst. Also greife ich nach meinen Kopfhörern, schalte mein Handy ein und tippe eine Adresse in den Browser, die das Gerät automatisch vervollständigt. Kurz darauf lausche ich einer Geschichte, die mich auf der Stelle beruhigt. Genauso wie beim ersten Mal.

Es war ein früher Donnerstagmorgen vor ungefähr zwei Jahren. Auch damals war ich aus dem Schlaf aufgeschreckt und hatte mich kurz orientieren müssen, bis ich verstand, dass alles gut war und ich zu Hause in Köln in meinem Bett lag. Von meinem Funkwecker auf dem Nachttisch leuchtete mir die Zahlenkombination 04:22 entgegen, und ich ließ mich genervt ins Kissen zurücksinken. Einen Moment lang lag ich mit geöffneten Augen im Dunkeln auf dem Rücken, dann tastete ich nach dem Laptop, der auf dem Boden neben meinem Bett lag. Das helle Licht des Bildschirms brannte noch immer in meinen Augen, als ich die Worte »*Traumdeutung Affe*« in die Suchmaschine eingab. Der Computer zeigte mir an, dass er »Ungefähr 2 150 000 Ergebnisse in 0,39 Sekunden« gefunden hatte, und ich begann, die ersten davon zu lesen. Wenige Minuten später stellte ich fest, dass die Deutung von Affen-Träumen sehr viel komplizierter war, als ich angenommen hatte, denn anscheinend hing die Interpretation maßgeblich vom Verhalten des Tieres ab. Verfolgt der Affe einen beispielsweise auf aggressive Art, flieht man innerlich vor schlechten Charaktereigenschaften. Beobachtet man ihn beim Pinkeln, liegen wahrscheinlich Probleme sexueller Natur vor. Ist er in einen Käfig gesperrt, könnten die eigenen animalischen Kräfte unterdrückt sein. Springt er von Ast zu Ast, war wohl die eigene Kindheit zu kurz. Ich verlor mich immer tiefer auf Seiten wie traeumen.org oder traumdeutung.de, aber auf die Frage, was es bedeuten könnte, wenn man zum dritten Mal in Folge im Traum mit einer zu engen Leine um den Hals auf der Schulter eines Affen in Übergröße gesessen hatte, fand ich nirgendwo eine Antwort. Völlig gerädert und mit einem Pochen hinter den Schläfen klappte ich den Laptop wieder zu, holte mir ein Glas Leitungswasser aus der Küche und fragte mich, wie gravierend wohl die Auswirkungen auf meinen Alltag wären, wenn das nun für den Rest meines Lebens so weiterginge. Zurück im Bett tat ich etwas, das wahrscheinlich nur

Personen mit Journalistik-Studium um 04:37 Uhr in den Sinn kommt. Ich erweiterte das Gedankenspiel um ein paar Schlagzeilen, die ich mir sehr präsent auf den Titelblättern einschlägiger Boulevardzeitungen vorstellte:

Der Affe auf dem Schlafstein
So landete Mona A. aus dem Bett in der Psychiatrie

Erst Traum, dann Trauma
Der Fall einer jungen Frau, die im Schlaf verrückt wurde

Die haarige Gefahr unter der Bettdecke
Prof. Dr. X Y über die Konsequenzen wirrer Tier-Träume

Es war vor allem die Hartnäckigkeit des Traumes, die mir Sorgen bereitete. Dass sich meine Fantasie ausgerechnet einen Affen als Protagonisten ausgesucht hatte, wunderte mich dagegen eher weniger. Einige Tage zuvor war ich Teil einer kleinen Charity-Lesung gewesen, bei der Spenden für die Rettung von Menschen in Seenot gesammelt wurden. Verschiedene Gäste aus der Buch- und Medienbranche hatten Texte in einer Kölner Kneipe vorgetragen, hauptsächlich aus ihren eigenen Büchern. Da ich als Einzige nicht auf bereits veröffentlichtes Material zurückgreifen konnte, schrieb ich für meinen Auftritt einen Text mit dem Titel »Marrakech und seine Geschichten«. Er handelte von den Geschichtenerzählern auf dem berühmten Platz Djemaa el Fna, und um von Anfang an die Atmosphäre dieses besonderen Ortes zu transportieren, hatte ich mich für folgenden szenischen Einstieg entschieden:

Die warmen kleinen Füße drückten sich in meine rechte Schulter. Ich war in einer Art Schockstarre eingefroren und zog mit weit aufgerissenen Augen den Kopf ein, während der Affe mit seinen

*Handflächen auf meinem Scheitel herumtrommelte. Eine abge-
wetzte Leine baumelte wie ein toter Lederwurm von seinem Hals
an meinem Oberkörper entlang. Ich bemerkte sie gar nicht. Seit
einer gefühlten Ewigkeit versuchte mein Vater nun schon den Besitzer zu überzeugen, dass es genug sei. Ja, toller Affe, super, seine
Tochter werde sich in 15 Jahren bestimmt sehr über das Erinne-
rungsfoto freuen, okay, hier einen Dirham, na gut, noch einen und
jetzt runter mit dem Ding. Bitte!*

An dieser Stelle hatte ich auf der Bühne die erste kleine Pause
eingebaut und eine verzweifelte Grimasse in Richtung Publikum gezogen. Die erwarteten Lacher waren leider ausgeblieben,
stattdessen hatte ich in lauter gutmütige Augenpaare geblickt,
die alle dasselbe zu sagen schienen: »Noch wissen wir nicht, wo
du mit dieser Geschichte hinwillst, und unserer Meinung nach
gehören Affen definitiv nicht an Leinen, aber mach' mal weiter,
das wird bestimmt noch!«

Für mich war eine so unspektakuläre Reaktion noch immer
vollkommen unverständlich, denn wenn ich diese Zeilen las,
spielte sich in meinem Kopf eine Mischung aus Loriot-Sketch
und Horror-Kurzfilm ab. Ich sah den Mann am Eingang des
Platzes stehen, sah den Affen auf seinem Rücken mit der Leine
um den Hals, hörte erst verzückte Laute aus meinem Mund
und kurz darauf ein verängstigtes Wimmern, als man mir das
Tier plötzlich ungefragt auf die Schulter setzte. Ich weiß noch,
dass ich damals jeden Moment mit etwas schrecklich Schmerz-
haftem gerechnet hatte, mit spitzen Zähnen in meiner Kopf-
haut oder zumindest ein paar ausgerissenen Haarbüscheln, die
nie wieder nachwachsen würden. Kein Wunder also, dass mein
Gehirn beschlossen hatte, aus dieser vergangenen Angst eine
Art Albtraum-Dauerschleife zu bauen, nachdem ich sie für den
Text noch mal an die Oberfläche befördert hatte.

Genervt drehte ich mich auf die Seite und streckte aus Gewohnheit einen Fuß über die Bettkante. Es dauerte keinen Atemzug, da schob sich eine haarige Affenhand langsam unter dem Bett hervor und tastete in der Dunkelheit nach meinem Knöchel. Ruckartig zog ich den Fuß zurück unter die Decke, schaltete genervt das Licht auf meinem Nachttisch ein und griff erneut nach dem Laptop. Ich öffnete das Dokument mit dem Titel *Geschichtenerzähler.docx,* und obwohl ich den Text fast komplett auswendig kannte, begann ich noch einmal zu lesen:

Tagsüber sieht der Platz Djemaa el Fna aus wie ein großes Asphalt-Loch mitten in der Stadt, doch am Abend verwandelt er sich in eine Mischung aus Streetfood-Festival, Zirkus und Behandlungszimmer. Zwischen Dämpfen, die nach allem riechen, was die marokkanische Küche zu bieten hat, wird Musik gemacht, die Zukunft vorhergesagt, gesungen und getanzt. Es gibt Schlangenbeschwörer, Akrobaten, Magier, Komiker, Wasserverkäufer und Wunderheiler. Bei Bedarf kann man sich sogar den Teufel austreiben oder ein Tattoo stechen lassen. Alles original, alles vollkommen ohne Garantie.

Um jede Künstlergruppe und jede Attraktion bildet sich im Laufe des Abends ein Kreis von Einheimischen, Touristen und Schaulustigen, den man auf Arabisch »Halqa« nennt. Ich würde gerne schreiben, dass mir damals der Mund offen stand vor Begeisterung, dass ich beeindruckt war von dieser Flut an Sinneseindrücken, die an keinem anderen Ort der Welt auf diese Weise zusammenfließt. Doch obwohl mir Marokko als Kind nicht fremd war, hing ich überfordert am Arm meines Vaters, eingeschüchtert von der Tatsache, dass um mich herum so viel passierte und man mir gerade einen echten Affen auf die Schulter gesetzt hatte. Ich spürte noch immer sein Gewicht und seine Körperwärme in meinem Nacken, strich mir erst über die Gänsehaut, dann durch die abstehenden Locken. In diesem Moment liefen wir an einer Frau vorbei, die mit geöffnetem Mund auf dem Boden saß und unter Schmerzen das Gesicht verzog, während ein Mann im schwachen Lampenschein mit einer Zange an einem ihrer Backenzähne herumhantierte. Ich muss in etwa ihre Gesichtszüge angenommen haben, denn mein Vater lachte auf und führte mich dann schnell weiter zum nächsten Menschenknubbel. Vorsichtig zwängte er uns bis zur Kreismitte durch, in der ein alter Mann im Schneidersitz auf dem Boden saß. Erleichtert stellte ich fest, dass er keine Zange in der Hand hielt, und konnte auf den ersten schnellen Blick auch keine Tiere entdecken. Stattdessen fing er an zu sprechen. In wechselnden Tonlagen und Geschwindigkeiten erzählte er etwas, von dem ich nicht mal Bruchstücke verstand. Er gestikulierte wild mit den Händen, fixierte zwischendurch immer wieder Menschen aus dem Publikum, senkte dann gemeinsam mit seiner Stimme auch den Blick, nur um kurz darauf wieder aufzuschauen und lauter zu werden. Fragend schaute ich meinen Vater an, und er begann leise und langsam zu übersetzen: »Es geht um einen Bauern ...« Pause. »Er hat eine Kuh ...« Pause. »Er muss die Kuh verkaufen ...« Pause. »Jetzt ist die Kuh krank ...« Pause. »Ah, Mona ... das ist ein bisschen kompliziert zu übersetzen gerade.« Ich nickte, obwohl diese wenigen Halbsätze für mich nicht den Anschein machten, als handle es sich um eine hochkomplexe Geschichte. Ich stand also in einem Pulk aus Erwachsenen, die mitten im Gewusel dieses etwa tausend Jahre alten Platzes jemandem zuhörten, der etwas über eine kranke Kuh erzählte. Immer wieder landeten Münzen mit einem klirrenden Geräusch auf dem Asphalt, nicht ein einziges Mal stockte der Mann in seiner Erzählung. Ich weiß nicht, was es war, aber aus irgendeinem Grund konnte auch ich meinen Blick nicht von ihm wenden und merkte, wie mich seine Inbrunst und seine fast prophetisch anmutende Haltung faszinierten.

Mit den Jahren habe ich immer mehr über die Tradition von marokkanischen Geschichtenerzählern gelernt, und meine Faszi-

nation für sie ist seit jeher ungebrochen. Denn obwohl das mündliche Überliefern von Geschichten als Attraktion auf einem Marktplatz in Zeiten von Streaming-Plattformen, Hörbüchern und Podcasts wie ein Relikt aus der Steinzeit wirkt, hatten Geschichtenerzähler den Reiz einer Serienstaffel schon erkannt, da waren die Erfinder von Netflix nicht mal geboren. Häufig wurden einzelne Erzählstränge auch früher schon über viele Monate hinweg von Tag zu Tag in kleinen Häppchen fortgesetzt, sodass die Menschen jedes Mal wiederkamen und erneut bezahlten, um die nächste Episode nichtt zu verpassen.

Ich löschte das überschüssige »t« im letzten Satz und schloss das Dokument wieder. Vor 20 Jahren, als ich an der Hand meines Vaters auf dem Djemaa el Fna gestanden hatte, waren dort noch verschiedenste Geschichtenerzähler zu finden gewesen, die nicht nur von kranken Kühen, sondern auch von reichen Königen, schönen Jünglingen und alten Weisheiten erzählten. Ihre Geschichten wurden seit jeher an die nachfolgenden Generationen weitergeben, doch durch die fortschreitende Globalisierung und die Verbreitung digitaler Medien fehlte es nach und nach immer mehr an Nachwuchs. Vor fünf Jahren hatte es nur noch einen einzigen Geschichtenerzähler in Marrakech gegeben. Sein Name war Abderrahim El Maqori, und ohne dass er das jemals gewollt hatte, war aus ihm das Symbol einer aussterbenden Tradition geworden. Der BBC-Journalist Richard Hamilton hatte Teile seiner Geschichten in einem Buch mit dem Titel *The Last Storytellers: Tales from the Heart of Morocco* veröffentlicht. Verschiedene Kulturinstitute in Deutschland förderten einen Dokumentarfilm des Filmemachers Thomas Ladenburger über El Maqori und seinen Sohn, der in die Fußstapfen des Vaters treten sollte. Und schließlich war aus dem Material, das Ladenburger in Marrakech gesammelt hatte, ein virtueller Museumsrundgang entstanden, bei dem man sich online einzelne Geschichten vom Platz Djemaa el Fna auf Deutsch und Arabisch vorlesen lassen konnte.

Ich tippte alhalqa-virtual.com in die Suchzeile des Browsers ein. Die einzelnen Bilder bauten sich auf und sofort hatte ich das Gefühl, mit einem Bein in Marrakech zu stehen. Als wäre die Startseite tatsächlich der Eingang zu Djemaa el Fna, war es meine Entscheidung, ob ich einen Rundgang durch die Garküchen des Platzes machen oder lieber gezielt Auftritte von Musikgruppen, Akrobaten oder Magiern ansehen wollte. Ich konnte Wasserträger und Kräutermänner beim Verkauf ihrer Produkte beobachten oder ein Video über bauchtanzende Transvestiten anklicken. Sogar von besagtem »Zahnarzt« gab es einige Fotos, auf denen er hinter einem Stand voller Gebisse kniete, während sein Kollege (oder Konkurrent?) im Schneidersitz auf dem Boden gezogene Zähnen wie kleine Trophäen sortierte. Ich entschied mich für den Bereich »Ausgewählte Geschichten« und klickte wahllos auf eine der Kacheln. Es öffnete sich die Übersetzung einer Geschichte von Abderrahim El Maqori mit dem Titel »Der Schuster und sein Huhn«. Ich stelle den Laptop geöffnet neben das Bett und drehte mich auf die andere Seite. »Es war einmal ein Schuster, der Babouches und einfache Pantoffeln anfertigte«, begann der Sprecher zu lesen, und ich zog wieder meine Decke zurecht. »Er war sehr lustig, und er war beliebt bei allen anderen Schustern«, fuhr die Stimme fort, und während ich einschlief, rutschte mein Fuß langsam über die Bettkante.

Nach und nach entwickelten sich die Geschichten von Abderrahim El Maqori zu einem festen Bestandteil meiner Abendroutine. Wochenlang schlief ich jeden Abend zu seinen Erzählungen ein, die von armen Milchhändlern, verlassenen Jünglingen und verzweifelten Kaufmännern handelten, manchmal aber auch von sehr mächtigen Kalifen, großem Reichtum und prunkvollen Palästen. Häufig begannen sie mit den Worten »Es war einmal, und Allah weiß es am besten, dass sich in einer vergangenen Zeit eine wunderbare Geschichte zutrug« und endeten mit einem knappen »Frieden und Erbarmen sei mit euch«. Obwohl ich jedes Mal nach wenigen Minuten die Augen schloss und kaum eine der Geschichten in voller Länge hörte, fing ich an, sie zu mögen und zu brauchen. Meine merkwürdigen Albträume verschwanden so schnell, wie sie gekommen waren, und machten Platz für seichtere Bilder, die mich – um in der Märchenwelt der Marokko-Klischees zu bleiben – wie ein fliegender Teppich durch die Nächte trugen. Weder wachte ich zu unmenschlichen Zeiten auf, noch fühlte ich mich morgens taub und innerlich zerstört. Im Gegenteil, wenn ich beim Aufstehen über den halb geöffneten Computer neben meinem Bett stolperte, hob sich meine Laune und ich freute mich direkt wieder auf den Abend.

Jetzt, zwei Jahre später, im Gästezimmer in Fès, denke ich an die Phase meines Lebens zurück, in der ich süchtig nach marokkanischen Geschichten wurde, und verspüre auf einmal das drängende Bedürfnis, zu erfahren, was aus dem letzten Geschichtenerzähler von Marrakech geworden ist. Ich pausiere die Geschichte, suche im Internet nach der E-Mail-Adresse von Thomas Ladenburger, dem Dokumentarfilmer, und frage ihn in einer Nachricht, ob er seit seinem Dreh vor über fünf Jahren noch einmal Kontakt zu Abderrahim El Maqori hatte.

Am nächsten Tag sind wir zum Telefonieren verabredet. Ladenburger erzählt mir, dass El Maqoris Sohn psychisch krank geworden sei, weshalb er sein Wissen und sein Handwerk stattdessen seiner Tochter weitergegeben habe.

»Soweit ich weiß, ist sie jetzt schon Geschichtenerzählerin«, sagt er. »Das ist schön, aber es wird in Marokko selbst leider kaum etwas getan, um das alles auch auf lange Sicht zu erhalten.«

Stattdessen berichtet er von europäischen Initiativen, die sich für den Erhalt der immateriellen Kultur in Marokko einsetzen, von Überlegungen, wie man, dem Wandel der Welt zum Trotz, an alten Berufsfeldern festhalten oder zumindest dafür sorgen könnte, sie auch im Land selbst für die Zukunft zu dokumentieren. Ich versuche mir Notizen zu machen, schreibe *an Überlieferungen festhalten* auf meinen Zettel, daneben ein Ausrufezeichen und den Namen einer Schweizer Stiftung, den ich später nicht mehr werde entziffern können. Ich versuche, meine Gedanken zu sortieren und dabei aufmerksam zu bleiben, aber nach ein paar Minuten klemme ich mir den Hörer zwischen Schulter und Ohr, drücke die Verschlusskappe auf den Stift und lenke das Gespräch seinem sicheren Ende entgegen:

»Sie sehen also keine Zukunft für Geschichtenerzähler in Marokko?«

Die Antwort kommt schnell und ist deutlich:

»Leider nicht, ich bin da pessimistisch. Ich glaube, dass sie aussterben werden.«

»Okay, dann trotzdem danke für die Informationen«, sage ich und klinge dabei, als hätte man mir gerade eine Jobabsage erteilt, die ich so nicht hinnehmen möchte.

»Gerne«, antwortet Thomas Ladenburger, dann scheint ihm noch etwas Wichtiges einzufallen: »Übrigens, ich weiß, ich habe Herrn Maqori in all meinen Projekten M-A-Q-O-R-I geschrieben. So hat er mir seinen Namen damals buchstabiert. Als der Film veröffentlicht war und auch die Ausstellung mit seinen Geschichten im Internet, habe ich allerdings mal seinen Pass in die Hände bekommen und gesehen, dass das falsch ist.«

»Wie schreibt man ihn denn richtig?«, frage ich etwas undeutlich, weil ich dabei bin, die Kappe des Stiftes mit den Zäh-

nen wieder abzuziehen. »M-A-K-K-O-U-R-I«, buchstabiert
Ladenburger und lacht. »Ich glaube, ihm selbst ist es ziemlich
egal, aber schauen Sie einfach, wie Sie das in Ihrem Buch am
besten lösen.«

Nach dem Telefonat fühle ich mich auf erschreckend heftige
Art geknickt. Ich schaue auf den Zettel mit den Notizen, der
vor mir auf dem Sofa liegt. Lalla sitzt da, wo sie immer sitzt, und
schaut mich fragend an. Im Wohnzimmer ist es kühl, aber die
Sonne fällt ihr durchs Fenster ins Gesicht, also stehe ich auf
und schließe die gelben Vorhänge. Dabei denke ich an meine
Wohnung in Deutschland. Die Straße, auf die jetzt gerade vielleicht Regen prasselt. Den großen Flur mit der selbst gebauten Garderobe, die von der Decke hängt. Den Echtholzboden,
Fischgrätenoptik. Mein Arbeitszimmer, in dem Hunderte von
Büchern bis an die Decke reichen, meinen Schreibtisch, den
Drucker, den Tacker, die Schreibtischlampe aus Holz. In sie
hatte ich mich in einem Interior-Store in Frankfurt verliebt,
den man auch einfach als hippen Einrichtungsladen hätte bezeichnen können, wenn das Wort »Interior-Store« nicht so geil
und das Wort »hip« nicht so ungeil wäre. Überhaupt: Was war
das für eine Welt, in der man sich in etwas verliebte, das in seiner Grundfunktion einfach nur Licht spenden sollte?
    Das, was sonst so selbstverständlich für mich war, schien ge-
rade sehr weit entfernt, und plötzlich kam mir der Gedanke,
dass ich wahrscheinlich deutlich mehr mit dem Vorstands-
chef von Daimler gemeinsam hatte als mit dem Geschichtenerzähler in Marrakech. Und das, obwohl ich in meinem ersten
eigenen Auto Kunstrasen auf der Heckklappe verlegt und das
zweite einzig und allein nach seiner Farbe (Mintgrün!!) aus-
gewählt hatte. Es stieg ein altbekanntes Gefühl in mir auf, das
ich irgendwann mal aus Ermangelung eines besseren Adjektivs
als »identitatives Hochstaplersyndrom« bezeichnet hatte. Zum

ersten Mal war dieses Gefühl durch folgende Nachricht ausgelöst worden, die ich zwischen Spam und Newslettern in meinem Mail-Postfach gefunden hatte:

Hallo! Ich folge dir schon seit einiger Zeit auf deinen Social-Media-Kanälen und muss jetzt mal eine Sache loswerden: Ich bin selber Marokkanerin und finde, dass du Marokko häufig sehr klischeehaft darstellst. Das Land ist viel mehr als Strand und Sonne und irgendwelche Gassen mit Teppichen an der Seite. Es laufen auch nicht überall Kamele herum. Bitte überdenke, was für ein Bild unserer Kultur du vermittelst. Ich bin mir zwischendurch nicht sicher, ob du Marokko wirklich kennst oder es nur sehr gerne kennen würdest.

Uff. Ich glaube, mich hat nie wieder eine Nachricht einer fremden Person im Internet so sehr verletzt wie diese, was beachtlich ist, wenn man bedenkt, dass objektiv gesehen schon deutlich schlimmere Nachrichten in meinem Postfach gelandet sind. Der frappierende Unterschied zwischen einem *»bah bist du; scheiße verpiss dich du dreckige schlampe!«* und einer zehnzeiligen Kritik an meiner angeblich falschen Darstellung der marokkanischen Kultur ist jedoch nicht nur rein orthografischer Natur. Wenn mich jemand online wahllos als Schlampe bezeichnet, wird diese Nachricht – je nach Kreativität des Absenders[7] – entweder in einen Ordner mit der Aufschrift »Arme Würstchen« geschoben oder ganz einfach gelöscht, in jedem Fall aber schnell vergessen. Kritisiert jemand hingegen meine Arbeit, meine Ansichten oder mein Auftreten und setzt dabei noch die richtigen Satzzeichen an den dafür vorgesehenen Stellen, beziehe ich den Inhalt auf einmal nicht mehr auf die Person hinter der Nachricht, sondern auf mich.

---

7 An dieser Stelle ist genderneutrale Sprache definitiv nicht notwendig.

In diesem konkreten Fall hatte das zur Folge, dass ich sauer genug war, um mit einer »Wie kannst du es wagen«-Attitüde eine Antwort zu formulieren, in der ich jedes Beispiel aufzählte, das in meinen Augen das Potenzial hatte, die genannten Vorwürfe zu widerlegen. Als ich fertig war, hatte der Text das Ausmaß eines Buchkapitels und das Temperament einer Staatsrede angenommen, aber die erhoffte innere Zufriedenheit wollte sich einfach nicht einstellen. Irgendwann war mir dann klar geworden, dass es gar nicht darum ging, die Meinung dieser einen fremden Person zu ändern, sondern einfach nur mir selbst zu beweisen, dass sie falschlag. Mit einem Klick hatte ich den kompletten Text ins Jenseits der gelöschten Buchstaben geschickt und noch mal neu angesetzt:

Danke für Deine konstruktive Kritik. Ich sehe das anders, aber werde darüber nachdenken. Viele Grüße!

Mit dem gewohnten Zischen war die Nachricht innerhalb von wenigen Zehntelsekunden verschwunden, die Selbstzweifel blieben und mit ihnen ein paar Fragen. Kannte ich Marokko vielleicht tatsächlich nicht? Oder noch schlimmer: Tat ich einfach nur so, als würde ich es gut kennen? Wo verläuft die Grenze zwischen einem Klischee und der Realität? Und hatte ich von vergangenen Reisen wirklich so unverhältnismäßig viele Kamele gezeigt?

Vor meinem inneren Auge waren lauter Marokkanerinnen[8] aufgeploppt, die genervt die Augen verdrehten, weil sie es nicht ertragen konnten, dass da im Internet schon wieder so eine Möchtegern-Marokkanerin war, die so tat, als wüsste sie, was abging in einem Land, das vielleicht faktisch schon ir-

---

8 Warum das an dieser Stelle nur Frauen waren, kann ich auch nach längerem Nachdenken leider nicht schlüssig beantworten.

gendwie ihres war, von dem sie aber offensichtlich wenig Ahnung hatte.

Ich weiß nicht, warum ausgerechnet das harmlose Telefonat über Abderrahim El Maqori (ich bleibe jetzt einfach bei der Schreibweise) all diese Gefühle wieder an die Oberfläche befördert hat. Vielleicht, weil ich Freund*innen in Deutschland habe, die schon häufiger in Marrakech waren als ich? Vielleicht, weil ein deutscher Filmemacher mir Geschichten aus einem Land übersetzen muss, das doch eigentlich mehr meins ist als seins? Vielleicht auch, weil ich mir von Marokko in der Vergangenheit tatsächlich manchmal das herausgepickt habe, was angenehm und cool ist? Oder vielleicht, weil sich in mir drin und um mich herum alles so häufig ... na ja ... unarabisch anfühlt?

Ich weiß es nicht, aber ich bin mir mittlerweile sicher, dass ich nicht die einzige Person bin, die sich zwischendurch fühlt, als wäre sie eine identative Hochstaplerin. Auch deshalb schreibe ich in diesem Buch einen Teil meiner Geschichte auf, denn Geschichten können manchmal ganz schön viel bewirken.

17*

Immer wenn ich hier oben bin, denke ich an Blut. Daran, wie es in einem dicken Rinnsal von der Mitte der Terrasse zum Abfluss am Rand gelaufen und darin versickert ist. Heute schimmern die Kratzer auf dem Metall in der Sonne, damals waren sie verdeckt von dunkelroten Schlieren, die nach und nach in den länglichen Öffnungen verschwanden, bis nur noch ein rostartiger Schleier zu sehen war.

Ich setze mich auf den Boden neben das kleine Gitter, lehne meinen Rücken gegen die Mauer und schließe die Augen. Die gelben und roten Kacheln wärmen meinen Po und meine Beine, mein Gesicht übernimmt die Sonne persönlich. Ich lege meine Handflächen rechts und links von mir auf den Boden, streiche mit dem linken Ringfinger über eine der vielen Fugen und genieße das lauwarme Kribbeln, das an der Innenseite meiner Unterarme emporsteigt und sich langsam im gesamten Körper ausbreitet. Warum drehen die da unten die Klimaanlage immer so unglaublich hoch? Das kann doch nicht gesund sein bei dem Wetter, denke ich, und ärgere mich im selben Moment darüber, weil das schon wieder ein Gedanke ist, der sich sehr deutsch anfühlt. In Marokko habe ich noch niemanden über Erkältungsrisiken in unterkühlten Räumen, austrocknende Schleimhäute oder exponenzielle Keimentwicklung in der Zimmerluft referieren hören. Wenn es drinnen für alle Beteiligten zu warm ist und eine Klimaanlage an der Decke hängt, wird sie volle Pulle angestellt, bis der Raum kalt genug ist, dann wieder aus damit.

---

* Hinweis: In diesem Kapitel wird ein Schaf geschlachtet. Einige Szenen sind sehr explizit und es wird viel Blut fließen.

Zu Hause in Deutschland weht mir dagegen immer wieder eine Art skeptischer Argwohn gegen unnatürliche Kälte entgegen, sobald diese ausnahmsweise mal angebracht wäre. Scheiß auf Schweiß, Hauptsache den Schleimhäuten geht's gut. Gleichzeitig gilt auch bei diesem Thema die Faustregel: Für Prävention gibt es keinen Applaus. Wer weiß also, wie häufig mich schon ein »Du, sorry, können wir die Klima wohl wieder ausmachen? Ich werd davon immer so schnell krank« auf Autofahrten im Sommer vor einer mittelschweren Lungenentzündung bewahrt hat? Und wenn die Temperatur in Lallas Wohnzimmer so niedrig ist, dass jeder Lufthauch mich am ganzen Körper frösteln lässt, ist auch meine Abkühl-Toleranz überschritten. Das Vibrieren in der Tasche meiner Jeansjacke unterbricht meine Gedanken. Ich öffne die Augen wieder, blinzle erst die schwarzen Punkte weg, die noch auf meiner Netzhaut tanzen und schaue dann auf das Display meines Smartphones, das sich ebenfalls noch an das Sonnenlicht gewöhnen muss und nur langsam heller wird.

Mama, 15:04 Uhr
Hi Mona! Alles klar bei euch? Hier ist ein Brief für dich bei uns angekommen. Soll ich den aufmachen und dir abfotografieren?

Ich, 15:04 Uhr
Nee, brauchst du nicht. Leg ihn einfach in mein Zimmer oben, nehm ich beim nächsten Mal mit.

Mama, 15:06 Uhr
Alles klar. Was macht ihr?

Ich, 15:06 Uhr
Papa repariert seit einer Stunde irgendwas am Gartenschlauch. Ich hatte gerade ein Telefonat und sitze oben auf der Terrasse. Musste mich kurz aufwärmen.

Mama, 15:07 Uhr
Ah, Klimaanlage funktioniert also wieder? ;)

Ich, 15:07 Uhr
Haha, genau. Ein bisschen zu gut leider! Bei dir auch alles ok?

Mama, 15:07 Uhr
Ja! War gerade noch kurz bei Real einkaufen und fahre gleich zur Arbeit.

Ich, 15:08 Uhr
Ich hoffe, dir hat jemand Quatsch in deinen Einkaufswagen gelegt ...

Mama, 15:08 Uhr
Nein, leider schon seit Jahren nicht mehr ;)

Ich grinse. Eine Zeit lang gehörte es zu einer Art Ritual, dass meine Mutter mich jeden Dienstag in einer Freistunde an der Schule eingesammelt hat, um gemeinsam mit mir zu *Real* zu fahren und den Wocheneinkauf zu erledigen. Während sie ihre Liste abgearbeitet hat, bin ich durch die Gänge geschlichen und habe versucht, die wildesten Produkte unter ihren Einkauf zu schmuggeln. Das Kilo Frittenfett und das Maxiglas Gewürzgurken mit Knoblauch hat sie immer sofort entdeckt und es mir mit einem langgezogenen »Och, Monaaaa!« zurück in die Hände gedrückt. An richtig guten Tagen schaffte es aber auch mal eine Portion Eisbeinfleisch in Aspik, eine Dose indonesische Bihunsuppe oder ein Glas eingelegter Selleriesalat bis an die Kasse. Da begann dann das nächste Spiel: Gesamtpreis-Raten. Mit einem fachmännischen Blick auf das volle Band gaben wir jeweils unsere Schätzung ab und beobachteten dann gespannt die steigende Zahl auf dem Bildschirm hinter der Kasse.

Gewonnen hat fast immer sie, aber das war schon okay, denn immerhin überstiegen ihre Einkaufserfahrungen die meinen um ein Vielfaches.

Mama, 15:11 Uhr
Steht mein Stuhl eigentlich auf der Terrasse?

Ich blicke vom Display auf die riesige Fläche vor mir, auf die leere Wäscheleine, die Tür zu Basidis altem Zimmer, die provisorisch befestigten Satellitenkabel an der Hauswand, ein paar feine Risse in den roten und gelben Kacheln auf dem Boden, die mich irgendwie an Flüsse auf einer Landkarte erinnern.

»Überleg dir mal, was man aus diesem Dach alles machen könnte«, höre ich meinen Vater in Gedanken sagen. »Bis zum Anfang der Mauer ein Wintergarten aus Glas, dahinter eine offene Fläche mit großen Pflanzen und Teppichen, ein paar marokkanische Hocker, Lampen aus Messing und da in der Ecke ein runder Mosaik-Tisch mit sechs Stühlen.« Von dieser Vorstellung könnte das, was vor meinen Augen liegt, kaum weiter entfernt sein, trotzdem mache ich aus meiner Froschperspektive ein Foto von der Terrasse und zeichne im Bearbeitungsmodus einen schwarzen Kreis um eine leere Stelle vorne links an der Mauer. Genau da hat sich meine Mutter immer »ihren« Stuhl hingestellt, wenn unten im Haus mal wieder über das aktuelle Hausmädchen diskutiert oder der Fernseher so laut gedreht wurde, dass man ihn unmöglich ignorieren konnte. In den heißesten Sommern bin ich nachmittags frisch geduscht zu ihr nach oben geschlichen und habe meine nassen Haare über ihrem Kopf ausgedrückt, sodass lauter kalte Tröpfchen auf ihren Schultern und nicht selten auch auf einem Buch in ihrem Schoß gelandet sind. Dann habe ich mich neben sie gestellt, die Haare in einem Schwung nach vorne geworfen, um sie vom Wind föhnen zu lassen, den Blick auf die falsch rum untergehende Sonne gerichtet oder auf die Beine des weißen Plastikstuhls. Ich schicke das Bild ab, zusammen mit folgender Nachricht:

Ich, 15:12 Uhr
Nein, hier ist alles leer, aber ich organisier dir gerne einen Stuhl, wenn du vorbeikommst ;)

Es dauert diesmal länger, bis die Antwort im Nachrichten-Verlauf erscheint, und kurz überlege ich, ob meine Mutter gerade tatsächlich »Flüge Düsseldorf Fès« googelt.

Mama, 15:15 Uhr
Schön wär's. Ich mach mich jetzt fertig und fahr gleich los zur Arbeit. Grüß Papa, sag ihm, dass ich ihn nachher vielleicht noch mal anrufe.

Ich stecke das Handy in meine Tasche, stehe etwas ungelenk auf und stelle mir dabei vor, wie meine Mutter sich in knapp 3000 Kilometern Entfernung den letzten Rest Milchschaum in den Mund laufen lässt. Dann räumt sie sehr wahrscheinlich das doppelwandige Kaffeeglas in die Spülmaschine und schnappt sich den Brief, um ihn mir in das Zimmer zu legen, das ich aus reiner Gewohnheit immer noch »mein Zimmer« nenne. Zwar stehen dort tatsächlich noch mein Bett, mein Kleiderschrank und mein Schreibtisch, allerdings längst umfunktioniert in »ein Gästebett«, »den großen Schrank für alles Mögliche« und »Papas Arbeitsplatz im Homeoffice«.

Ohne Ziel schlendere ich über die Terrasse und versuche sie so zu betrachten, als würde ich sie zum ersten Mal betreten. Es klappt nicht. *Hier ist alles leer,* hatte ich vor fünf Minuten geschrieben, dabei stimmte das gar nicht. Hier ist alles voll. Auf jedem Quadratmeter suhlt sich eine andere Erinnerung und winkt mir durchsichtig entgegen. Die größte von ihnen ist ein Schaf, das genau in der Mitte der Dachfläche auf der Seite liegt und sich nicht rührt. Das Blut, das aus dem langen Schnitt in seiner Kehle läuft, wird mein Gehirn so schnell sicher nicht verblassen lassen, und der metallisch modrige Geruch zieht auch nach über zehn Jahren noch scharf durch meine Nase. Ich lasse die Erinnerung endgültig zu und springe ins Jahr 2010.

Noch nie zuvor war ich während des *Aid el Kebir* in Marokko gewesen. Da ich jedoch seit ein paar Wochen in Agadir zur Schule ging und wir über die Feiertage freibekommen hatten, war ich auf das dringende Anraten meines Vaters (»Ich verspreche dir, das wirst du nie vergessen!«) in den Bus gestiegen, um das wichtigste aller muslimischen Feste bei Lalla und Basidi in Fès zu verbringen. Bereits in den Tagen zuvor waren Schafe in jeglicher Größe und Position durch die Stadt getragen, gezogen, geschoben oder gefahren worden. Auch aus dem Busfenster heraus beobachtete ich Autos mit Tieren im Kofferraum, auf dem Dach oder dem Beifahrersitz, und immer wieder überholten wir Motorräder, auf denen nicht nur ein bis zwei Personen, sondern auch ein bis zwei Schafe saßen, die Augen aufgerissen oder zugepresst, als wären sie die Vorlage für das nächste große Filmprojekt von Pixar. Obwohl ich am liebsten jedes Mal die kleine rote Videokamera eingeschaltet hätte, die meine Eltern mir vor meinem Abflug geschenkt hatten, hielt ich mich zurück und versuchte genauso unbeeindruckt zu wirken wie alle anderen Reisenden um mich herum auch. Die meisten von ihnen schauten gar nicht erst aus dem Fenster, sondern auf ihre Telefone oder in Magazine, und sehr wahrscheinlich hätte man ein Schaf auf ihrem Nachbarsitz platzieren können, ohne dass es sie großartig verwundert hätte.

Als ich mich nach Stunden endlich dem Garten von Lalla

und Basidi näherte, hörte ich das Blöken hinter der Mauer zum Garten schon von der Straße.

»Die heißen Aisha, Dora und Max«, erklärte mir meine jüngste Cousine wenig später und umarmte dabei eines der Schafe so fest, dass ich kurz Angst bekam, es könnte vielleicht noch vor seiner Schlachtung ersticken. Mein Onkel hatte gelacht, seine Tochter unter lautem Geschrei aus dem Fell gezogen und unter noch lauterem Geschrei die Treppe hochgetragen. Plötzlich stand ich allein im Garten meiner Großeltern vor drei marokkanischen Schafen, die aktuell noch sehr niedlich aussahen und morgen sehr tot sein würden.

»Also ich an eurer Stelle würde mal ganz schnell gucken, dass ich hier wegkomme«, flüsterte ich, während ich frisches Wasser aus dem Gartenschlauch in die Töpfe vor ihren Füßen laufen ließ. Dann fiel mir ein, dass Ausbüxen sicher nicht die Lösung ihres Problems war, da sich an diesem Abend so gut wie jede Person in Fès über ein freilaufendes Schaf freuen würde. Also schaltete ich das Wasser ab, hockte mich ins Gras und setzte noch mal neu an:

»Ihr seid leider irgendwie im falschen Land geboren, Freunde. In Deutschland würde eure Lebensaufgabe vielleicht darin bestehen, in einer größeren Gruppe von Weide zu Weide zu laufen und alles zu fressen, was euch unter die Klauen kommt. Natürlich könnte euer Schicksal euch auch da zum Schlachter führen, aber zumindest würde der euch ordnungsgemäß betäuben.« Das rechte Schaf stockte in seiner Bewegung, schaute auf, und ich bekam auf der Stelle ein schlechtes Gewissen.

»Wird schon«, sagte ich und wusste nicht, ob ich zu den Tieren oder mir selbst sprach.

Mein Onkel aus Rabat belegte mit seiner Familie das Gästezimmer, weshalb ich abends auf dem Sofa unter einer Wolldecke lag und herauszufinden versuchte, wie ich dieser ganzen Sache hier gegenüberstand. Einerseits war ich aufgeregt und gespannt und genoss die feierliche Stimmung, mit der sich alle schlafen gelegt hatten. Andererseits war ich mir nicht ganz sicher, ob ich physisch und psychisch wirklich gut genug vorbereitet war auf das, was am Morgen passieren würde. Einige Stunden zuvor hatte mein Vater mir den groben Ablauf noch mal am Telefon erklärt: »Erst werdet ihr oben auf der Terrasse die Schafe schlachten, dann wird ein Teil davon verpackt und eingefroren oder an arme Menschen verschenkt und der Rest in den kommenden Tagen gegessen.«

»Das heißt, solange ich hier bin, wird es nur Gerichte mit Schaf geben?«, hatte ich mich mit gesenkter Stimme rückversichert und dabei überlegt, wann ich zuletzt Schafsfleisch gegessen und auch gemocht hatte.

»Ja, wahrscheinlich. Du kannst ja mal versuchen, alles zu probieren, was es so geben wird. Das ist wirklich sehr lecker! Ich bin neidisch, ich wäre auch gerne dabei.«

In dem Moment hatte mich das Heimweh überrumpelt, weshalb ich unfähig gewesen war zu antworten. Zum Glück hatte mein Vater noch einen Rat ergänzt, der etwa zwölf Stunden später verhindern sollte, dass ich mich zwischen einem abgetrennten Schafkopf und einer blutverschmierten Luftpumpe auf die roten und gelben Fliesen übergebe:

»Wenn du beim Schlachten nicht mehr hingucken kannst«, hatte er gesagt, »dann geh zur Mauer und zähl die Schafe in den Nachbargärten und auf den anderen Dächern.«

Am nächsten Morgen kam jedoch erst mal alles anders als erwartet, denn der Tag begann nicht mit einem Messer, sondern mit der Fernbedienung in der Hand. Lalla, Basidi, meine Tante, ihr Mann, mein Onkel, seine Frau, vier Cousins, zwei Cousinen und ich warteten ab 7.30 Uhr vor dem Fernseher darauf, dass der König, Mohammed VI., das erste Schaf schlachten und damit den Startschuss für über 30 Millionen Menschen geben würde, es ihm gleichzutun.[9] Leider kann ich nicht beschreiben, wie genau die royale Schlachtung medial dargestellt wurde, denn ich saß währenddessen auf der Toilette. Nach zwei Gläsern Tee hatte ich dem Druck in meiner Blase nachgeben müssen, blutiges Fernsehspektakel hin oder her, und genau in dem Moment, als ich die Klospülung betätigen wollte, hörte ich aufgeregte Stimmen aus dem Wohnzimmer. Ich stürzte aus dem Bad, aber da war es schon zu spät. Ich sah noch den Bildwechsel zurück zum Moderator der Sendung, dann schaltete jemand den Fernseher aus, und der Familientross bewegte sich ungeordnet in Richtung Treppenhaus. Na toll, dachte ich, das ging ja gut los.

Ich hatte absolut keine Ahnung, was passieren muss, bevor ein Tier geschlachtet wird. Aber damit, dass rein gar nichts passieren muss, hatte ich nicht gerechnet. Als wir auf der Dachterrasse ankamen, stand das erste Schaf bereits in der Sonne. Einer meiner Cousins hatte eine Hand auf seinen Rücken gelegt, wahrscheinlich um es im Notfall schnell festhalten zu können, doch das Tier rührte sich nicht. Es stand ganz ruhig da, starrte auf die Risse in der Mauer vor ihm, und während ich noch überlegte, ob es sich wohl um Max, Aisha oder um Dora handelte, krempelte sich der Mann meiner Tante die Ärmel hoch, griff dem Tier zwischen die Beine und legte es mit Hilfe seines Sohnes auf die Seite. Ich vermutete, dass Basidi, der auf einem Stuhl im Schatten saß, nicht die beiden beobachtete, sondern mich, und versuchte deshalb meine Gesichtszüge, so gut es ging, zu entspannen. Unter keinen Umständen wollte ich ihn häufiger als nötig daran erinnern, dass dies mein erstes Op-

---

9   Ein Freund in Deutschland hat dieses Ritual mal als »marokkanischen Fassbieranstich« bezeichnet. Ich habe ihm daraufhin geraten, weniger Zeit in Bayern zu verbringen.

ferfest in Marokko war, und noch weniger sollte er bemerken, wie unwohl ich mich fühlte. Eigentlich wäre das Schlachten als ältester Mann der Familie seine Aufgabe gewesen, das wusste ich, aber anscheinend ist man als Ältester irgendwann zu alt für Dinge, die Körpereinsatz und eine ruhige Hand erfordern. Ehrlich gesagt war es sowieso unvorstellbar für mich, dass Basidi, der Mann, der nach Möglichkeit jede unangenehme Situation im Alltag vermied, schon mal einem Tier bei lebendigem Leibe die Kehle durchgetrennt hatte. Vielleicht, überlegte ich, lag der Denkfehler darin, dass er, genauso wie alle anderen hier, das Schlachten nicht als etwas Unangenehmes, sondern als etwas völlig Normales empfand. Wie ein Mantra redete ich mir ein, dass jede Scheibe Mortadella, jede Bratwurst, jeder Fleischbrocken in jeder Bolognese-Soße mal lebendig gewesen war, und versuchte mich an alle Dokumentationen zu erinnern, die ich zum Thema *Fehlbetäubungen und Tierquälerei in der deutschen Schlachtindustrie* gesehen hatte. War es schlimm, dass es solche Probleme in Deutschland gab? Ja. Änderte das etwas an meiner aktuellen Situation? Nein. Hielt diese Erkenntnis meine Gedanken davon ab, sich noch weiter in sich selbst zu verstricken? Leider ebenfalls nein. Ohne es bewusst zu steuern, stellte ich mir vor, durch den Druck *meiner* Hand würde eine scharfe Klinge erst warmes Fleisch, dann eine Hauptschlagader, eine Speise- und Luftröhre und diverse Nervenbahnen zerteilen. Ähnlich einer La-Ola-Welle zog ein Schauer durch meinen Körper und hinterließ eine Schneise aus Gänsehaut.

»Es ist doch noch gar nichts passiert«, sagte jemand leise hinter mir, und als ich mich zu meinem Onkel umdrehte, deutete er auf die abstehenden Haare an meinen Unterarmen. Ich wollte gerade Luft holen, um etwas zu erwidern, da nickte er in Richtung des Schafes: »Jetzt aber.«

Ich drehte mich wieder nach vorne und schaute dabei zu, wie das Messer durch den Hals von Aisha, Max oder Dora fuhr. Es ging so schnell, dass mir gar nichts anderes übrig blieb, als hinzusehen. Normalerweise würde ich jetzt umschalten, dachte ich und wunderte mich gleichzeitig, dass das mein einziger Gedanke sein sollte, während vor meinen Augen sehr viel Blut aus einem unschuldigen Tier quoll. Alle um mich herum schwiegen und schauten minutenlang auf das röchelnde Schaf. Nicht angeekelt, nicht fasziniert, nicht zufrieden, sondern eher konzentriert und irgendwie hochachtungsvoll.

Ich versuchte ihre Blicke so gut es ging zu imitieren, aber als plötzlich ein Ruck durch den liegenden Körper ging und das Schaf anfing mit den Beinen zu strampeln, fiel jeder Zentimeter der aufgesetzten Gelassenheit aus meinem Gesicht. Erschrocken sog ich etwas zu viel Luft ein, sodass ich mich verschluckte und mit meinem Husten die Stille durchbrach. Alle Köpfe drehten sich fast zeitgleich in meine Richtung und erleichtert wieder zurück, als ich ihnen per Handzeichen versicherte, dass es mir gut gehe. Zumindest besser als dem Schaf, das war klar.

Mein Onkel klopfte mir von hinten auf den Rücken und flüsterte:

»Das ist ganz normal.«

»Was? Sich beim Schlachten zu verschlucken?«

»Nein, dass das Schaf sich so bewegt. Man sagt, dass die Seele in diesem Moment in den Himmel steigt.«

Da war sie wieder, die Gänsehaut. Ich räusperte mich ein letztes Mal, das Schaf regte sich nicht mehr, und um ihm nicht aus Versehen zu genau in den offenen Hals zu schauen, senkte ich meinen Blick auf die Öffnung des Wasserschlauchs, den meine Tante nun auf die Blutlache richtete. Beim Anblick der vielen roten Spritzer musste ich an den Tag denken, als mir beim Kochen eine Flasche Tomatenketchup aus der Hand gerutscht und auf dem Küchenboden zerschellt war.

»Sieht aus, als wäre hier jemand geschlachtet worden«, hatte mein Bruder gesagt, als wir die Flecken von den Fliesen, der

Kühlschranktür und der weißen Wand entfernten. Damals hatte ich entschuldigend gelacht und nach einem frischen Lappen gegriffen, heute würde ich ihm vehement widersprechen. Nirgendwo sieht es so aus, als wäre jemand geschlachtet worden, außer es ist tatsächlich jemand geschlachtet worden.

Ich sah dem rötlichen Wasserbach dabei zu, wie er in den Abfluss lief und hob meinen Blick erst wieder, als mein Onkel mich anstupste: »Mona, jetzt musst du hingucken«, sagte er leise. »Jetzt kommt die Luftpumpe!«

Luftpumpe? Davon hatte mein Vater gestern nichts gesagt. Aber tatsächlich: Meine Cousins steckten das obere Ende eines herkömmlichen Blasebalgs durch ein Loch im linken Hinterbein des Schafes, der eine hielt fest, der andere pumpte, und ich sah dabei zu, wie der ausgeblutete Körper des Tieres immer runder wurde.

»Was zur Hölle?«, fragte mein Blick.

»Wenn das Schaf voller Luft ist, kann man die Haut gleich besser abziehen«, antwortete mein Onkel, und Basidi lachte auf seinem Beobachter-Posten ein bisschen vor sich hin. Das Schaf sah mittlerweile aus wie ein Ballon mit kuscheligem Überzug, allerdings nur so lange, bis mein ältester Cousin ihm den Kopf und die Beine abtrennte und es langsam mit meinem Allgemeinzustand bergab ging. Ich weiß nicht, ob mein Gehirn erst in diesem Moment realisierte, was da eigentlich seit geraumer Zeit für ungewohnt grausige Bilder durch sein Sehzentrum gejagt wurden, oder ob es eher das Geruchszentrum war, das plötzlich Alarm schlug. Auf jeden Fall signalisierte mein Magen immer deutlicher, dass es nur eine Frage der Zeit war, bis er den Rest der zwei Gläser Tee wieder ausstoßen würde. Also murmelte ich »Mal gucken, wie es bei den anderen so aussieht« und schlenderte möglichst gleichgültig zur Mauer an der hinteren Seite der Terrasse. »Einatmen, ausatmen, Schafe zählen«, sagte ich mir immer wieder und sog eine Portion Luft in meine

Lunge, die nicht nach Blut und nassem Schaf roch. Der Magen blieb unbeeindruckt und revoltierte weiter. Also beugte ich mich über die Mauer und schaute von oben auf Grüppchen herab, die sich in Nachbargärten und auf Nebenterrassen versammelt hatten. Lauter kleine Herden aus Menschen, in deren Mitte, der heiligen Tradition wegen, ein Tier geopfert wurde. »Eins, zwei, drei ...«, zählte ich leise, lief ein paar Meter weiter und fuhr fort: »... vier, fünf ...«. Dann legte ich meinen Kopf in den Nacken und blinzelte in den Himmel. Es fühlte sich an, als würde das tiefe Blau den roten Film auf meiner Netzhaut neutralisieren. Wer auch immer da oben die Tierseelen in Empfang nahm, dachte ich, brauchte an diesem Tag auf jeden Fall Unterstützung. Und sollte es so etwas wie Schutzengel für Schafe geben, so hoffte ich, dass sie ihre Fähigkeiten aufgrund der millionenfachen Verluste innerhalb weniger Stunden nicht infrage stellten. Im Optimalfall waren sie sich der Macht von religiösem Glauben und mit ihm verbundenen Ritualen bewusst und konnten das alles viel besser einordnen als ich.

»Mona?«, hörte ich jemanden nach mir rufen und kniff die Augen zusammen, weil das unauffälliger war als Ohren zuhalten. »Möchtest du mitmachen?«

Widerwillig drehte ich mich um und brauchte einen Moment, um mich an das Bild zu gewöhnen, das sich mir bot. In einigen Metern Entfernung stand meine älteste Cousine mit einer blauen Küchenschürze über ihrem Hausanzug und streckte mir ein Küchenmesser entgegen. Neben ihr hing das aufgeblasene Schaf ohne Extremitäten und ohne Würde an der Metallvorrichtung, von der ich nie gewusst hatte, wofür sie gut sein sollte.

»Was machst du jetzt?«, fragte ich, weil mir nichts Besseres einfiel.

»Ich ziehe das Fell und die Haut ab«, antwortete sie und wiederholte ihre Frage: »Möchtest du mitmachen?«

Zurück in der Gegenwart starre ich auf eben dieses Metallgestell, an dem, von meiner Erinnerung und ein paar Rostflecken mal abgesehen, heute gar nichts mehr hängt. Kurz wünsche ich mir, ich hätte damals einfach »Klar, gib her« gesagt und ganz selbstverständlich nach dem Messer gegriffen. Aber während ich noch überlegt hatte, ob mein Magen und meine Prinzipien das mitmachen würden, waren meine Cousins mit dem nächsten Schaf auf die Terrasse gekommen und hatten mich damit daran erinnert, dass sich die komplette Prozedur noch zwei weitere Male wiederholen würde. Also war ich, vorbei an zusammengetragenen Eingeweiden und dem abgetrennten Schafskopf, zurück ins Haus gelaufen und hatte mich alleine ins kalte Wohnzimmer gesetzt.

An die darauffolgenden Tage kann ich mich kaum noch erinnern. Das Einzige, was ich bis heute spüren kann, ist das irrationale Gefühl, durch eine wichtige Prüfung gefallen zu sein. Eine Prüfung, von der weder Basidi noch mein Onkel noch meine Cousine noch die Schafe etwas mitbekommen hatten. Für sie war mein Besuch entweder schon wenig später wieder vergessen oder eine anekdotische Erinnerung à la »Wisst ihr noch, dieses eine Jahr, in dem Mona mal hier war zum Aid?«. Ich allerdings hatte mich an dem Tag, ohne es zu wissen, der strengsten aller Punktrichterinnen gestellt. Sie trug meinen Namen und ihre Worte waren eindeutig:

Du hast dir Mühe gegeben, das war gut, und schön, dass du diese Erfahrung nun auch von deiner Liste streichen kannst. Leider muss ich dir mitteilen, dass deine Performance trotzdem nicht ausgereicht hat. Warum hattest du andauernd das Thema Tierschutz im Kopf und nicht ein einziges Mal Werte wie Barmherzigkeit, Loyalität und Hilfsbereitschaft, die im Islam mit dem Opfern verbunden werden? Warum ist dir da oben schlecht geworden? Warum hast du dich vor den Fettstückchen am Fleischspieß geekelt? Und warum findest du

dich nicht einfach damit ab, dass du keine Marokkanerin bist? Du
bist eine Deutsche mit etwas, das ich höchstens als marokkanische
Würzung bezeichnen würde.

Eine ähnliche Beurteilung hatte ich schon einmal zu hören bekommen. Damals musste nicht der Terrassenboden von Blut
befreit werden, sondern meine Haut von angesammeltem All-
tagsdreck. Mein Vater hatte mich mit meiner Cousine in ein
traditionelles marokkanisches Hamam geschickt, eine Art öf-
fentliches Badehaus in der Innenstadt von Fès. Ich muss etwa
zwölf Jahre alt gewesen sein und freute mich auf den Nachmittag, denn unter dem Wort »Badehaus« stellte ich mir ein
Hallenbad vor, so wie das mit der Reifenrutsche und dem
Strudelbecken zu Hause. Entsprechend groß war meine Enttäuschung, als wir einen stickigen Raum betraten, in dem es
kein Schwimmbecken gab, sondern nur sehr viele weiße Fliesen und weibliche Körper jeglichen Alters, alle nur mit einer
Unterhose bekleidet. Jede Frau saß auf einer kleinen Matte zwischen Plastikschüsseln, Tiegeln, Tuben und Schwämmen. Die
eine schöpfte Wasser aus einem Eimer und goss es mit geschlossenen Augen über den Schaum in ihren Haaren, ihre Sitznachbarin rieb sich mit etwas ein, das aussah wie breiiger Schlamm,
daneben lagen zwei Frauen auf dem Bauch und unterhielten
sich, während zwei andere ihnen mit einem Waschlappen über
die Rücken fuhren. Ich weiß, dass diese Beschreibung den Anschein macht, als hätte ich sie aus der billigen Sexfantasie eines
spätpubertierenden Teenagers kopiert. Da die Bewegungen der
sich waschenden Frauen aber weder in Zeitlupe abliefen noch
mit dem Song »Je t'aime moi non plus« von Serge Gainsbourg
und Jane Birkin unterlegt waren, wirkten sie eher pragmatisch
und zweckgemäß als lasziv und sexy. Trotzdem schaute ich viel
zu auffällig an all den nackten Brüsten vorbei und folgte meiner Cousine in den nächsten, deutlich wärmeren Raum. Kaum

hatten wir unsere Eimer in einer Ecke abgestellt und die Matten ausgebreitet, kam eine Frau in einem weißen Kittel auf uns zu und wechselte ein paar Sätze mit meiner Cousine.

»Das ist Fatima«, sagte sie schließlich. »Wenn du willst, dann wäscht sie dich.« Ich schaute Fatima an, Fatima schaute mich an, und dann nickte ich vorsichtig, um nicht unhöflich zu sein. Gleichzeitig fragte ich mich, warum eine fremde Frau mich waschen sollte. War das nicht etwas, wobei nur Kleinkinder Hilfe brauchten? Was bedeutete in diesem Zusammenhang hier überhaupt »waschen«? Würde Fatima mich gleich einseifen und abschrubben? Und was sollte ich machen, wenn sie auch die Stellen putzen wollte, an die ich mich vor jugendlicher Scham gerade selbst kaum herantraute?

Auf die Antworten musste ich nicht lange warten, denn Fatima legte sofort los. Sie griff nach meinem linken Arm und begann, ihn mit einer glitschigen braunen Seife einzureiben, die ich schon aus Lallas Badezimmer kannte. Wenige Minuten später war ein Großteil meines Körpers von der brauen Masse bedeckt und ich sehr erleichtert, dass meine Intimzone unangetastet geblieben war. Während ich schmierig und unbeholfen auf meiner Matte saß, befüllte Fatima an einem der Hähne an der Wand vier Eimer mit dampfendem und weniger dampfendem Wasser und bedeutete mir dann, dass ich mich auf den Bauch legen sollte. Es folgte das, was bei den anderen Frauen so entspannt ausgesehen hatte und sich als etwas entpuppte, das für mich kaum auszuhalten war. Zu meiner Überraschung hatte Fatimas Waschlappen nämlich nicht wie erwartet eine wollige Oberfläche, sondern viel mehr die Konsistenz und Schleifkraft von grobkörnigem Schmirgelpapier. Es fühlte sich an, als würde sie damit durch meine Haut auf direktem Wege meinen Organen entgegenschrubben, und jedes Mal, wenn sie erneut ansetzte, wimmerte ich ein bisschen in meine Matte hinein.

Nach einigen weiteren Hamam-Besuchen und einigen weiteren Lebensjahren muss ich zu ihrer Verteidigung sagen, dass das Problem damals eindeutig auf meiner Seite gelegen hat.

Ich empfehle deshalb an dieser Stelle ausdrücklich jeder Person eine traditionelle marokkanische Massage mit einem Peeling-Handschuh, und zwar nicht im Sahara-Spa in Berlin-Charlottenburg, sondern im unspektakulärsten Hinterhof-Hamam in Fès oder Rabat. Dabei gilt die einfache Faustregel:

Je weniger buntes Mosaik an den Wänden und je weniger Duftkerzen in der Ecke, desto günstiger, echter und besser das Erlebnis.

Ist man allerdings nicht mal im Teenager-Alter und wurde in seiner Kindheit ein bisschen zu häufig mit Samthandschuhen angefasst, kann es gut sein, dass so eine Peeling-Massage vor lauter Schmerz vorzeitig abgebrochen werden muss und – wie in meinem Fall – zu einem unterirdischen Selbstzeugnis über die eigene Marokkanität führt.

Eine Vibration holt mich endgültig zurück auf die Dachterrasse. Mittlerweile ist mir so warm, dass ich die Jacke eigentlich ausziehen könnte, aber zunächst ziehe ich das Telefon aus der Tasche und lese die gerade eingegangene Nachricht:

Mama, 15:56 Uhr
Ich wollte noch schnell fragen: Ist für morgen die Fahrt ins Dorf von Lalla geplant?

Ich öffne die Emojis, wähle den nach oben ausgestreckten Daumen in einer mittleren Hautfarbe und schicke ihn ab.

18

Dass Snober auf keiner digitalen Karte dieser Welt existiert, stimmt nicht ganz. Es existiert natürlich, so wie alle realen Orte, irgendwo auf Karten im Internet, aber mit diesem Dorf ist es wie mit dem Glück: Es ist nirgendwo ausgeschildert, deshalb findet man es nur durch Zufall oder wenn man ganz genau weiß, wo man danach suchen muss. Mein Vater weiß das, weil er schon sehr viele Male in seinem Leben dort gewesen ist, ich weiß es, weil er es mir mindestens genauso häufig auf seinem Tablet gezeigt hat, und ihr wisst es gleich auch, weil ich der Meinung bin, dass die folgenden Kapitel mehr Spaß und Sinn machen, wenn ihr uns auf virtuelle Weise ins Rif-Gebirge begleiten könnt. Es folgt also der Versuch einer literarisch-digitalen Wegbeschreibung, an der von meiner Seite sehr lange gefeilt und von der Seite meines Vaters sehr lange gezweifelt wurde. »Bist du dir sicher, dass das funktioniert?«, war seine erste Reaktion, und dabei hatte er einen Blick aufgesetzt, der sonst nur im Gesicht von Eltern erscheint, wenn Kinder ihnen lilafarbenes Krickel-Krakel unter die Nase halten und erklären, es sei ein Ententeich mit einer Schwanenfamilie in der Mitte. »Ganz ehrlich, Mona«, waren seine Worte, »ich finde die Idee super, aber ich glaube, niemand, wirklich niemand, wird mit dieser Beschreibung bis nach Snober kommen.«

Ich widersprach ihm. Natürlich widersprach ich ihm. Zum einen, weil das zu meiner Rolle als Kind gehört, und zum anderen, weil ich der Überzeugung war, dass ich eine idiotensichere sprachliche Navigation formuliert hatte. Um ihm genau das zu beweisen, bat ich ausgewählte Freund*innen und Familienmitglieder (solche, die sich in Marokko auskennen, und andere, die nie dort gewesen waren), an einem kleinen Testlauf teilzunehmen. Das Ergebnis: Leichte Desillusionierung meinerseits, etwas mehr Bestätigung seinerseits. Tatsächlich sind nur wenige meiner Versuchspersonen ohne Hilfe in Snober angekommen. Mal hakte es schon kurz nach dem Start (»Ich glaube, ich hab' Westen mit Osten verwechselt«), mal an der Abzweigung nach der zweiten Flussüberquerung (»Ich dachte, der kleine Bach davor zählt auch schon als Fluss«) oder aber in der heikelsten Passage kurz vor dem Ziel (»Da habe ich mich dann komplett verloren«). Seltsamerweise brachte mich das nicht von meiner Idee ab, sondern bestärkte mich darin, dass sie genau die richtige ist. Ich mag den Gedanken, dass ihr, die Leser*innen dieses Buches, euch über tatsächlich existierende (und nicht existierende) Wege durch das Rif-Gebirge bewegt, auf der Suche nach einem Ort, der einem Großteil der Menschheit sehr abgelegen und unspektakulär erscheint, der für andere aber ein elementar wichtiger Teil ihres Lebens ist.

»Wahnsinn, dass da Leute wohnen, die jetzt gerade in diesem Moment irgendwas machen«, hatte eine Freundin mit Blick auf den Bildschirm gesagt, als ich ihr Snober vor dem Abflug auf der Karte gezeigt hatte. Wir saßen auf Designerstuhl-Replicas an ihrem Esstisch von *HAY*, und sie vergrößerte die Häusergruppe so weit, bis nur noch verschwommene Brauntöne zu sehen gewesen waren. Ich musste ihr recht geben. Und genau deshalb ist es auch egal, wo ihr nach meiner digitalen Navigation landet, denn nahezu überall leben ja Menschen, die jetzt gerade in diesem Moment irgendwas machen.

In sechs Schritten (vielleicht) nach Snober

1. Öffnet im Internet ein Karten-Tool eurer Wahl.[10] Um Snober zu finden, solltet ihr die Satellitenansicht auswählen sowie unter »Kartenstil« die maximale Beschriftung (vor allem Straßennamen und Gewässer sind wichtig!). Eine Suche im Modus der klassischen Straßenkarte kann euch zwar ebenfalls in die Nähe des Ziels bringen, der letzte (kniffligste!) Schritt ist damit jedoch unmöglich.

2. Lasst euch nach »Fès, Marokko« navigieren. Wenn ihr es eilig habt, könnt ihr anschließend direkt zum nächsten Schritt springen, ansonsten empfehle ich, ein wenig über den Dächern der alten Medina zu verweilen, die Innenhöfe der Riads zu zählen (haha), das blaue Tor (im Westen der Medina), das Café Titanic (südlich der Medina) oder den Friedhof (östlich der Medina) zu suchen. Wo Basidis Dach liegt, bleibt mein Geheimnis, aber vielleicht entdeckt ihr es ja trotzdem.

3. Um Fès schließlich in Richtung des Gebirges zu verlassen, folgt ihr der Nationalstraße[11] N6, die südlich an der Medina entlangführt, Richtung Osten. Kurz nach der Stadtgrenze mündet sie in einen Kreisverkehr. Dort folgt ihr der abzweigenden N8 in Richtung Norden und könnt aufatmen, denn ab jetzt wird es (erst mal) vergleichsweise unkompliziert.

---

10 Ohne an dieser Stelle Werbung machen zu wollen, empfehle ich nach den Erfahrungen aus dem Pre-Test *Google Earth*.

11 In Marokko gibt es fünf Arten von Fernstraßen: Autobahnen (gekennzeichnet mit einem »A«), Nationalstraßen (gekennzeichnet mit einem »N«), Regionalstraßen (gekennzeichnet mit einem »R«), Provinzialstraßen (gekennzeichnet mit einem »P«) und Buckelpisten (gar nicht gekennzeichnet).

4. Die Straße verläuft durch eine anfänglich grüne Landschaft, die nach und nach erst hellbraun, dann rötlich und später wieder grüner wird. Ihr passiert zwei Tankstellen *(Stations Afriquia)*, eine Raststätte (Air de repos Inaoun), einen ersten großen Fluss (Oued Abiod), ein paar kleinere Städtchen und nach einer ganzen Weile einen zweiten großen Fluss (Oued Ouerrha).

5. Kurz darauf zweigt auf der linken Seite die Regionalstraße R408 ab. Auf dieser folgt ihr dem sich windenden Fluss in Richtung Westen, und zwar bis zu der Stelle, an der er, kurz vor dem großen türkisenen Stausee (Barrage El Wahda), in einer letzten hufeisenförmigen Kurve verläuft. Vor dieser Kurve müsstet ihr auf ein Transportmittel ohne Räder umsteigen (im besten Fall ein Pferd, im schlimmsten Fall eure Füße), um mit dessen Hilfe den Fluss zu überqueren und die letzte Etappe über die Berge bis nach Snober zurückzulegen.

6. Falls ihr bis hierher folgen konntet: Glückwunsch! Jetzt fehlt uns nur noch ein kleines Stück, das allerdings das unsicherste ist, weil wir uns nun ohne Straßennamen und geordnete Abzweigungen zurechtfinden müssen. Deshalb stellt euch vor, euer Bildschirm wäre in der Länge und der Breite halbiert, sodass vier gleichgroße Rechtecke entstehen. Richtet die Größe der Ansicht so ein, dass die letzte große Kurve des Flusses sich im Feld links unten befindet. Ihr solltet nun etwa in der Bildmitte eine lange Bergschlucht erkennen können, die von oben nach unten verläuft. Rechts daneben, wieder etwa auf halber Höhe, befindet sich ein kleiner Wald, der aussieht wie ein grüner Punkt in der Landschaft. Wenn ihr diesen Punkt vergrößert, könnt ihr westlich davon vereinzelte Häuser erkennen. Das ist Snober.

Für alle, die weder eine Bergschlucht noch einen runden Wald erkennen konnten, die in den Hollywood-Hills statt im Rif-Gebirge gelandet sind oder von vornherein keine Lust auf aufwendige Suchspielchen hatten, kommt hier die Abkürzung:

$$34°33'33.5''\,N\ 4°54'31.4''\,W$$

Falls ihr auch keine Lust habt, die Koordinaten in eine Suchmaschine einzutippen, dann lest gerne einfach weiter. Allerdings kann es sein, dass ihr später noch einmal zurückblättern werdet, denn näher als jetzt wird in diesem Buch niemand mehr an Snober herankommen. Das ahne zu diesem Zeitpunkt aber nicht mal ich.

19

Mein Vater gehört zu den Menschen, die auf selbstverständlichste Weise Kellner rufen können. Ich weiß nicht, ob diese Fähigkeit naturgegeben oder antrainiert ist, aber eines ist sie in jedem Fall: beneidenswert. Während ich erst sehr lange Blickkontakt suche, dann mindestens drei Mal den richtigen Zeitpunkt verpasse, um zu leise oder zu laut zu rufen oder ein Handzeichen zu geben, das sich auf jeden Fall unpassend anfühlt, wirkt all das bei ihm immer unangestrengt und souverän. Wobei ich mich hier auf Marokko-Papa beziehe. Wie Deutschland-Papa mit Bedienungen kommuniziert, weiß ich ehrlich gesagt gar nicht. *Unauffällig normal* wäre vielleicht die richtige Beschreibung. Sobald wir jedoch ein marokkanisches Café oder Restaurant betreten, scheint es, als würde mein Vater eine Choreografie beherrschen, über deren Abfolge er absolut nicht nachdenken muss. Jeder Schritt ist im Takt, jede Bewegung selbstsicher, und alles, was er tut, fließt perfekt in den Rhythmus seiner Umgebung. So auch heute.

Es ist 8.30 Uhr, wir sitzen auf der Terrasse des Café Titanic, ich schütte den letzten Schluck Tee in mein Glas, mein Vater trinkt seinen Kaffee aus und dreht sich genau in dem Moment um, in dem der Kellner den Kopf hebt und zu uns herüberschaut. Völlig organisch treffen sich die Blicke der beiden Männer über die drei Bullaugen im Thekenholz hinweg, mein Vater hebt auffordernd, aber freundlich die Hand, der Kellner nickt und setzt sich in Bewegung. Die Zeit, die er benötigt, um an unserem Tisch anzukommen, nutzt mein Vater, um die Rechnung zu überfliegen und im selben Moment schon die angemessene Menge Trinkgeld im Sinn zu haben. Als ich den Bezahlvorgang und das übliche Verabschiedungs-Ping-Pong verfolge (»War alles in Ordnung?«, »Sehr gut, wie immer!«, »32 Dirham, bitte«, »Stimmt so«, »Danke, Chef!«, »Tschüss«, »Danke«, »Tschüss«, »Bis bald«), muss ich plötzlich an einen Begriff denken, den ich bislang nur mit Eisbären, Kranichen, Schwertwalen und Blattläusen im Biologieunterricht verbunden habe. Die Art, wie mein Vater sich vom Kellner verabschiedet, die Rechnung faltet und seinen Geldbeutel wieder in die hintere Hosentasche steckt, bringt mich allerdings zu der Frage, ob auch wir Menschen vielleicht so etwas Ähnliches wie einen *natürlichen Lebensraum* haben. Damit meine ich selbstverständlich keinen festen Bereich auf der Erde, der uns aufgrund irgendwelcher biologischen Gegebenheiten zugeschrieben wird, oder den Ort, an dem es objektiv gesehen die besten Lebensbedingungen für uns gibt. Nein, ich denke bei dem Begriff viel mehr an unseren ganz individuellen Raum, in dem wir uns mit Abstand am wohlsten fühlen. Den Raum, in dem wir auf die selbstverständlichste Art leben und vollkommen unbefangen interagieren und kommunizieren können. Und obwohl mir bewusst ist, dass der direkte Vergleich etwas hinkt, kann ich die Vielfalt dieser Bereiche auf geografischer Ebene am einfachsten anhand des Tierreichs beschreiben: Es gibt Personen, die ihren natürlichen Lebensraum genau abstecken können, so wie der Eisbär die Polarregion rund um den Nordpol. Andere fühlen sich in komplett unterschiedlichen Ecken dieser Erde beheimatet, so wie Kraniche, die einmal im Jahr aus skandinavischen Brutgebieten nach Spanien oder Nordafrika ziehen. Einige nennen sogar die halbe Welt ihr Zuhause, wie der Schwertwal, der kaum Feinde hat und mittlerweile in fast allen großen Meeren zu finden ist. Aber genauso gibt es jene, die nur in einer bestimmten Stadt oder Clique oder Wohnung vollkommen sie selbst sein können, wie eine Laus, die ihr komplettes Leben ohne Probleme auf einem einzigen Blatt verbringen kann.

Ob sich jemand gerade in seinem natürlichen Lebensraum aufhält oder nicht, ist in bestimmten Situationen sehr einfach und in anderen unmöglich von außen zu beurteilen. Nur weil eine Person sprachlich, kulturell und sozial gut integriert ist, heißt das noch lange nicht, dass sie sich tief im Innern auch immer genauso fühlt.

Mein natürlicher Lebensraum liegt in Deutschland. Der meines Vaters liegt – da bin ich mir sehr sicher – nicht unbedingt oder zumindest nicht nur in Deutschland. Und das, obwohl er seit fast 30 Jahren in einer deutschen Stadt lebt, besser als ich erklären kann, was ein Akkusativobjekt ist, als Architekt in einem Großunternehmen arbeitet, Steuern zahlt, einen Männerstammtisch hat, Birkenstock-Hausschuhe trägt und schon mehr als einmal ein Schützenfestzelt von innen gesehen hat. Trotzdem reichen mir jedes Mal fünf Minuten in einem Café in Marokko, um daran erinnert zu werden, dass er sich in Deutschland zwar offensichtlich sehr wohl, aber hier wirklich vollständig zu Hause fühlt.

Am liebsten würde ich mir eine schnelle Notiz machen, um daran zu denken, ihn später zu fragen, ob ich mit dieser kleinen Psychoanalyse richtigliege, aber unter keinen Umständen soll sich unser heutiger Ausflug für ihn anfühlen, als wäre ich auf einer Recherchereise. Für mich sollte er sich eigentlich auch nicht so anfühlen, trotzdem schiebe ich die Fragen, die sich in den vergangenen Tagen angestaut haben, wieder und wieder in meinem Kopf von links nach rechts, um zu überprüfen, ob keine von ihnen verloren gegangen ist.

Bevor wir das Café Titanic verlassen, kauft mein Vater in der angeschlossenen Bäckerei noch sechs warme Kraschl, die arabisch ausgesprochen weniger nach einer österreichischen Teigspezialität klingen als viel mehr nach dem, was sie sind, nämlich Milchbrötchen mit Anis.

»Davon haben wir früher immer extrem viele mitgenommen, wenn wir nach Snober gefahren sind«, erklärt mein Vater beim Verlassen des Ladens und lässt die Zentralverriegelung des Mietwagens vor dem Café aufspringen.

»Was heißt denn *extrem viele?*«

»40 oder 50 Stück bestimmt. Am Tag vor der Reise hat Lalla den ganzen Tag gebacken, dann wussten wir, heute Nacht geht's los.«

»Und dann seid ihr mit 40 Milchbrötchen die Berge hochgeritten?«, frage ich, während wir ins Auto einsteigen, und kann den Spott in meiner Stimme selbst kaum überhören.

»Nicht nur mit 40 Milchbrötchen«, antwortet mein Vater und startet den Motor, »sondern auch mit mehreren Kilo Zucker als Geschenk für die Familie.« Bei den Signalworten *Zucker* und *Geschenk* muss ich an Basidi denken und an die schlimmste Hochzeit meines Lebens.

»Erinnerst du dich noch, als in der Siedlung von Lalla und Basidi mal vor Jahren eine Nachbarin im Garten geheiratet hat und ich Basidi bis zur Tür der Feier bringen sollte, weil er das Geschenk nicht alleine transportieren konnte?«

Ich weiß, dass er sich noch sehr genau an diesen Tag erinnern kann. Bis heute mache ich ihm Vorwürfe, weil er mich in T-Shirt, Jeans und Flip-Flops hatte mitgehen lassen, in dem Wissen, dass es sehr wahrscheinlich nicht bei der kurzen Wegbegleitung bleiben würde. Natürlich hatte man mir am Eingang ein Glas Tee und eine Dattel in die Hand gedrückt und mich ohne Möglichkeit zur Gegenwehr in den Garten gezogen. Natürlich war Basidi sofort im Kreis der alten Männer verschwunden, während ich den stummen, aber deutlichen Blicken von Frauen Mitte dreißig in traditionellen Kaftans ausgeliefert gewesen war. Es hatte eine Ewigkeit gedauert, bis mein Vater irgendwann in der Tür gestanden und mich gerettet hatte.

»Klar, erinnere ich mich«, sagt er jetzt und befreit mich damit ein zweites Mal aus der unangenehmen Situation. »Basidis Geschenk für das Brautpaar waren 24 Kilo Zucker in einem karierten Einkaufstrolley.« Dieses Bild scheint ihn zu amüsieren, denn er schüttelt belustigt den Kopf.

»Stimmt! Ehrlich gesagt hab' ich aber bis heute nicht so richtig verstanden, was das sollte.«

»Das ist einfach eine alte Tradition. Man hat früher häufig Zucker verschenkt, weil der in jedem Haushalt viel konsumiert wurde. Ohne Zucker kein Tee. Heute ist es in einer großen Stadt wie Fès zwar überhaupt kein Problem mehr, sehr günstig an Zucker zu kommen, aber so hat Basidi nicht gedacht. Er war einfach jemand, der gerne an dem festgehalten hat, was er kannte.«

»Zum Beispiel an alten Badematten«, ergänze ich, und mein Vater lacht wieder, diesmal sehr viel lauter.

In jenem Sommer, als ich aufgrund meiner wenig festlichen Schlappen zum Enfant terrible der Nachbarshochzeit geworden war, hatte er sich vorgenommen, Lallas und Basidis Haus von ein paar in die Jahre gekommenen Gegenständen zu befreien. Unter anderem ersetzte er alte Klappstühle, aus deren Sitzfläche bereits der Schaumstoff quoll, und kaufte einen neuen Teppich fürs Badezimmer. All das hatte Basidi zwar unkommentiert geschehen lassen, aber offensichtlich nur widerwillig in Kauf genommen, denn ein Jahr später stand einer der kaputten Klappstühle wieder im Garten, mit einem Stück des alten Teppichs als erweiterte Polsterung auf der Sitzfläche. Sein Kommentar: »Das war doch alles noch zu gebrauchen!«

»Esel!« Mein Vater bremst scharf, als ihm ein weißer Transporter an der Kreuzung die Vorfahrt nimmt, und hupt so aggressiv, dass der Ton ein unangenehmes Echo in meinem Kopf hinterlässt. Ich zucke zusammen. Egal wie böse man das Wort *Esel* im Deutschen ausspricht, es klingt immer ein bisschen niedlich und kuschelig und höchstens leicht dümmlich. Bezeichnet man jemanden auf Arabisch als *Esel,* befindet man sich dagegen sofort im Bereich der ernst zu nehmenden Beleidigungen. Zwar vermindert es die Wahrscheinlichkeit einer Eskalation ungemein, wenn das Gegenüber mit geschlossenen Fenstern in einem Auto sitzt, trotzdem versuche ich, den Entspannungsvorgang im Innern meines Vaters zu beschleunigen, und nehme unser Gespräch wieder auf.

»Ich war ja gestern Nachmittag auf dem Dach, und da hab' ich dran gedacht, wie es war, als ich 2010 zum Schlachtfest hier war.« Wir stehen immer noch an der Kreuzung, und mein Vater scheint zu überlegen, welcher Weg aus der Stadt heraus zu dieser Uhrzeit wohl der klügste ist. Ich lasse ihm die kleine Denklücke und fahre erst fort, als er abgebogen ist. »Jedenfalls habe ich mich gefragt, wann Basidi aufgehört hat zu schlachten und warum.«

Mein Vater schnauft überrascht auf. »Wie kommst du drauf, dass er überhaupt jemals geschlachtet hat? Kannst du dir Basidi mit einem Messer in der Hand vorstellen?«

Ich bin perplex.

»Nein, konnte ich auch schon damals nicht. Aber ich bin irgendwie trotzdem davon ausgegangen, dass er das gemacht hat. Hat er nicht?«

»Nein, nie. Auch nicht in meiner Kindheit. Er war einfach nicht der Typ Mensch dafür.«

»Was für ein Typ Mensch muss man denn sein, um ein Schaf schlachten zu können?«, frage ich und überspiele damit meine ehrliche Verwunderung über die Erkenntnis, dass ich mit meinem Respekt vor der blutigen Situation damals vielleicht doch nicht so alleine gewesen war wie bisher angenommen.

»Einer, der etwas macht, wenn es gemacht werden muss. Einer, der keine Angst hat vor unangenehmen Situationen, der anpackt und die eigene Angst überwinden kann, wenn nötig.«

Er hält kurz inne und sagt dann: »Im Prinzip muss man so sein wie Lalla.«

»Okay, also hat Lalla früher geschlachtet?«, frage ich und bereue es noch im selben Moment, weil ich die Antwort erahne.

»Nein, das ging nicht ...«

»... weil sie eine Frau ist.« Mein Vater nickt, und bevor ich mich darüber aufregen kann, kommt mir ein völlig neuer Gedanke: »Wenn Basidi nicht geschlachtet hat, weil er nicht wollte, und Lalla nicht geschlachtet hat, weil sie nicht durfte, heißt das, du hast geschlachtet, weil du ihr ältester Sohn bist?«

Wir halten an einer roten Ampel. Vor uns überquert ein Mann die Straße, er schiebt einen Wagen voller Kaktusfeigen vor sich her. Hinter ihm läuft eine Gruppe Mädchen mit weißen Kitteln und Schulrucksäcken. Irgendwo hupt jemand, ansonsten dringen die Geräusche der Stadt nur als Grundrauschen zu uns herein. Ich bin gespannt auf die Antwort und habe gleichzeitig etwas Respekt vor ihr, weil ich nicht weiß, wie ich damit umgehen würde, wenn mein Vater diverse Halsschlagadern auf dem Gewissen hätte. Verrückt auch, dass wir über dieses Thema bisher nie gesprochen haben, denke ich, und weiß noch nicht, dass mir dieser Gedanke heute noch so einige Male in den Sinn kommen wird. Einige Sekunden ist es still, dann sagt mein Vater:

»Nein, habe ich nicht. Basidi hat einfach immer einen Profi kommen lassen. Aber ...«, er macht eine kleine Pause, um künstlich Spannung zu erzeugen, »... ich hätte mal fast ein Huhn geschlachtet.«

Ich muss lachen, weil ich so erleichtert bin, und möchte selbstverständlich die Geschichte hören, wie es dazu kam, dass er mal *fast* ein Huhn geschlachtet hätte. Wir fahren an der Mauer der Medina vorbei stadtauswärts, und er beginnt zu erzählen: »Ich war ungefähr sechzehn Jahre alt und mit meiner Mutter alleine zu Hause. Für den Abend hatten sich Gäste angekündigt und es sollte eine Hühnchen-Tajine geben. Also hat Lalla mich in den Garten gerufen und mich gebeten, ihr eines unserer Hühner zu schlachten.« Allein diese Vorstellung überfordert mich gleich auf mehreren Ebenen, aber ich unterbreche ihn nicht.

»Ich bin dann mit ihr raus, wir haben ein Huhn gefangen, sie hat mir das Messer gegeben und dann stand ich da und wusste überhaupt nicht, was ich tun sollte. Das größte Problem war, dass ich Linkshänder bin und die linke Hand gilt ja im Islam als unrein. Deshalb hat Lalla darauf bestanden, dass ich das Huhn mit rechts schlachte, und spätestens da wusste ich: Das wird nichts. Ich kann mit rechts nicht mal einen Kugelschreiber gerade halten. Ja, und dann standen wir da. Zwei hilflose Menschen und ein hilfloses Huhn und niemand von uns wusste so richtig, was wir tun sollten.«

»Wieso hast du nicht trotzdem mit links geschlachtet oder warum hat Lalla es nicht doch einfach gemacht? War ja niemand da und ihr hättet nichts sagen müssen.«

Für diesen Einwurf ernte ich einen Seitenblick, an dem ich das ablesen kann, was mein Vater kurz darauf ausspricht: »So funktioniert Religion nicht, Mona. Es geht nicht darum, dass dich jemand bei etwas sehen könnte oder nicht, sondern darum, dass du dich einer alten Tradition wegen richtig verhalten *möchtest*. Das kann man natürlich unlogisch finden oder unfair einer Frau und linken Händen gegenüber, aber in dieser Situation waren Lalla und ich uns sehr schnell sehr einig, dass niemand von uns dieses Huhn schlachten wird.«

»Okay. Und dann?«

»Dann bin ich auf die Straße gelaufen und habe einen fremden Mann gefragt, ob er uns helfen kann. Der ist dann mit in den Garten gekommen, hat kurz das Huhn geschlachtet und ist wieder gegangen.«

»Ehrlich?«

»Ja, klar. Das würde ich im Notfall heute immer noch so machen. Warum auch nicht?«

Ich zucke mit den Schultern und stelle mir vor, man würde in Deutschland einen fremden Mann auf der Straße fragen, ob er einem kurz ein Huhn schlachten könnte. Im besten Fall würde er lachen, eine Empfehlung für einen guten Metzger aussprechen und die Geschichte beim nächsten Treffen mit Freunden in großer Runde erzählen (»Ihr werdet nicht glauben, was mir passiert ist ...!«). Im wahrscheinlichsten Fall wird er einem einen Vogel zeigen, direkt danach empört den Kopf schütteln und verwirrt von dieser schrägen Begegnung einfach weiterlaufen.

Wir fahren jetzt endgültig aus der Stadt heraus, ich schaue eine Weile schweigend aus dem Fenster und schalte dann das Radio ein. Es läuft ein französischer Hiphop-Song auf *HitRadio*, von dem ich nur jedes dritte Wort verstehe, aber an einer Stelle wird davon gesungen, dass dem armen Kerl irgendwer schrecklich wehgetan hat. Wahrscheinlich eine Frau. Mein Vater trommelt den Rhythmus mit seinen Händen auf dem Lenkrad mit. Ich glaube, er kann gar nicht anders, wenn er Musik hört. In etwa zwei Stunden sind wir an dem Ort, an dem Lalla geboren ist und Basidi sie zum ersten Mal gesehen hat. Vielleicht war es auch andersrum, das weiß ich nicht. Ich habe die beiden nie danach gefragt, und jetzt ist Basidi tot und Lalla stumm. Wenn mein Vater von ihrem Kennenlernen erzählt, dann klingt es so, als könne man die Geschichte an Universal verkaufen oder zumindest an die Gebrüder Grimm.

Es lebte einmal ein vierzehnjähriges Mädchen in einem kleinen Dorf im marokkanischen Rif-Gebirge. Sie war wunderschön und schlau und neugierig auf die Welt, aber ihr Alltag bestand darin, die Tiere hinter dem Haus zu versorgen und der Mutter beim Putzen, Waschen und Kochen zu helfen. Eines Tages, sie stand ge-

rade am Fluss und rieb ein Laken mit Seife ein, da sah sie im Licht
der Mittagssonne einen jungen Mann. Er war groß und schlank,
kam aus einem der umliegenden Dörfer und war gerade auf dem
Weg in die Stadt, wo er studierte. Zuerst trafen sich nur ihre Blicke,
dann auch ihre Väter und schließlich lebten sie zusammen bis an
ihr Lebensende.

Ich liebe diese Geschichte dafür, dass sie so verkürzt und verklärt und auf sehr altmodische Art irgendwie romantisch ist. Gleichzeitig hasse ich aber auch genau das an ihr. Ich kann nicht glauben, dass das damals wirklich alles so einfach war. So einvernehmlich, so verhalten, so ganz ohne Drama. Ich kann mir nicht vorstellen, dass Lalla und Basidi verliebt waren, ohne dass sie vor der Hochzeit jemals mehr als ein Wort miteinander gewechselt haben. Ich will mir aber auch nicht vorstellen, dass bei ihrer Ehe gar keine Gefühle im Spiel waren und sie ihr Leben lang nie erfahren haben, wie schön es ist, wenn man mit jemandem zusammenlebt, den man aus tiefstem Herzen liebt.

»Mona?« Ich schrecke auf und drehe mich vom Fenster weg.

»Sorry, war kurz in Gedanken.«

»Gleich kommt der Kreisverkehr, den ich dir auf der Karte gezeigt habe.« Er deutet nach vorne die Straße entlang. Mittlerweile sind um uns herum keine Häuser mehr zu sehen. Nur noch karge Felder und eben jener Kreisverkehr in ein paar Hundert Metern Entfernung. Ich bücke mich nach der Wasserflasche im Fußraum, trinke einen Schluck, reiche sie meinem Vater und versuche erneut, Ordnung in den Pulk aus Fragen in meinem Kopf zu bringen. Ich warte, bis wir die Ausfahrt nach Norden genommen haben, dann stelle ich die erste, die sich mir aufdrängt:

»Überlegst du dir eigentlich oft, was in deinem Leben anders wäre, wenn du hiergeblieben wärst?«

Es fühlt sich seltsam an, so etwas Großes einfach zu fragen.

Unnatürlich irgendwie. Ein bisschen so, als wäre ich Teil eines Theaterstücks, dessen Text so spontan wie möglich klingen soll, obwohl ich ihn komplett auswendig gelernt und sogar die Betonung geübt habe. Mein Vater spielt mit, hört auf zu trommeln und dreht das Radio leiser. Er rutscht ein bisschen auf seinem Sitz hin und her, als würde er sich für seinen Einsatz bereit machen, schaut aber weiter konzentriert auf die Straße und antwortet schließlich mit einer Rückfrage: »Meinst du damit, ob ich bereue, nach Deutschland gekommen zu sein?«

Ich zucke zuerst mit den Schultern und nicke dann doch.

»Nein, natürlich nicht. Sonst wäre ich schon längst wieder zurückgegangen. Ich vermisse Marokko, das weißt du, aber ich habe euch und ich habe mir mit der Zeit auch einen Teil der deutschen Lebensphilosophie angewöhnt.«

»Was meinst du damit?«

»In Deutschland überlegen alle immer, wann sie irgendwohin müssen, warum jemand zu spät gekommen ist, wie lange ein Treffen wahrscheinlich dauern wird und so weiter. Ich bin an einem Ort aufgewachsen, wo Pünktlichkeit nicht so viel zählt und es vollkommen normal ist, eine halbe Stunde auf jede verabredete Uhrzeit draufzuschlagen. So was halt.«

Ich bin ein bisschen enttäuscht, weil ich mir eine tiefgründigere Antwort erhofft hatte und kein Geplänkel über das langweiligste aller Klischees, die deutsche Pünktlichkeit. Trotzdem gehe ich darauf ein, schließlich ist das hier ja die Wirklichkeit und weder ein Theaterstück noch ein Roadtrip-Roman, in dem die Dialoge einzig und allein meiner Vorstellung folgen.

»Das heißt, es stört dich, dass in Deutschland alle pünktlich sind, aber du hast dich dran gewöhnt«, sage ich und weiß selbst nicht, ob der Satz eine Frage oder eine Feststellung sein soll. Mein Vater nickt.

»Ich würde mir schon ein bisschen mehr Flexibilität wünschen manchmal und dass das alles nicht so starr und ernst ist mit den Terminen. Damit bin ich aufgewachsen. Aber ich kann ja nicht sagen ›Hey, ich bin Marokkaner, ich komme einfach immer später, auch wenn alle von euch auf die Minute pünktlich sind.‹ So funktioniert das nicht, man muss sich anpassen.«

Ich unterdrücke das starke Gefühl, eine Lanze für deutsche Verlässlichkeit zu brechen, und entscheide mich stattdessen für einen leichten Kurswechsel.

»Heißt *anpassen* denn, dass du dich in Deutschland auch manchmal ...«, ich suche nach dem richtigen Wort, »... deutsch fühlst?« Er lacht schon wieder und überholt ein weißes Taxi, das am Straßenrand steht.

»Nein, nie. Ich habe mich noch nie deutsch gefühlt. Ich habe einen deutschen Pass und weil ich in dem Land lebe, halte ich mich an die Regeln und zahle Steuern. Auf der anderen Seite darf ich zum Beispiel auch wählen gehen und mitentscheiden, wer was bestimmt. Das alles ist super, bedeutet aber nicht, dass ich meine Einstellung und meine Kultur abgebe oder austausche.« Er hält kurz inne, aber ich spüre, dass er noch nicht fertig ist.

»Was heißt das eigentlich, sich deutsch fühlen? Das verstehe ich nicht. Wie fühlt sich ein Deutscher gegenüber einem Nichtdeutschen? Muss man dafür christlich denken? Nein, weil es Religionsfreiheit gibt. Das heißt, du kannst eine andere Religion ausüben und trotzdem deutsch sein, allerdings musst du dann damit leben können, dass du wahrscheinlich ein paar Sachen anders machst als die Mehrheit. Muss man sich an Regeln halten? Ja, an das Grundgesetz und an die Trennung von Altpapier, Restmüll und Plastik und sobald ein Zentimeter Schnee liegt, schippe ich meine Einfahrt frei, egal wie unnötig ich es persönlich finde. Das macht mich aber nicht zu einem Deutschen. Ich folge nur den Regeln, von denen Deutschland sagt ›Lieber Gast, wenn du zu uns kommst, dann mach das bitte.‹«

Aha, jetzt wird's interessant.

»Also hast du seit über 30 Jahren das Gefühl, ein Gast in Deutschland zu sein?«

»Ich bin Gast, ja, natürlich bin ich Gast. Das ist so. Das wird sich auch nur ändern, wenn die Leute irgendwann aufhören, sich oder mich zu fragen, wo ich herkomme. Auch jemand, der zu einhundert Prozent deutsch ist, wird sich nie so fühlen, wenn er nicht auch so behandelt wird.«

»Stört dich das persönlich denn?«

»Dass sich ständig alle fragen, wo ich herkomme?«

»Hmhm.«

»Nein, irgendwie nicht. Ich verstehe total, dass es viele Menschen gibt, die das sehr stark beschäftigt und wütend macht, und ich kann genau nachfühlen, was daran schlimm ist. Aber mich stört es trotzdem nicht, und weißt du, warum nicht?«

Ich habe eine Vermutung, aber schüttle den Kopf.

»Ich habe ein Land. Ich habe meins. Und das ist hier. Hier kann ich immer hinkommen, hier fühle ich mich zu Hause. Deshalb fliege ich ja auch so häufig nach Marokko. Das ist mein persönlicher Luxus, und ich bin froh, dass ich ihn mir leisten kann.«

In meinem Kopf streiche ich die Frage mit dem natürlichen Lebensraum durch. Das wäre dann wohl geklärt. Mein Vater fährt fort: »Was mich viel mehr beschäftigt, ist die Tatsache, dass ich Marokko bis jetzt nicht genug zurückgeben konnte.«

Auch das hatte ich schon häufiger von ihm gehört, ohne jedoch näher darauf eingegangen zu sein, weil ich der Meinung war, dass er eigentlich ganz schön viel tat, um in Marokko zu helfen. Nicht nur finanziell, auch persönlich. Einmal war er sogar mit einer Organisation in eine Wüstenregion gefahren und hatte dort in einem Dorf mehrere Tage lang geholfen, eine Schule aufzubauen. Genau das sage ich ihm deshalb auch jetzt.

»Das ist trotzdem nicht genug«, antwortet er bestimmt. »Ein Land tut viel für dich, bis du fertig ausgebildet bist ...«

Ich unterbreche ihn: »... falls du überhaupt eine Ausbildung bekommst.«

»Das stimmt, aber *ich* habe ja eine Ausbildung bekommen. Bis zum Abitur, nach dem ich etwas hätte zurückgeben können. Stattdessen ist mit mir wieder ein Abiturient weggegangen, und meine Arbeitskraft nützt jetzt einem anderen Land, das nie etwas in sie investiert hat.«

»Sag das mal den Menschen, die der Meinung sind, Deutschland könnte durch Einwanderung nichts gewinnen«, murmle ich, greife erneut zur Wasserflasche und trinke sie in großen Schlucken aus.

»Sag mal, sollen wir gleich irgendwo kurz anhalten?«, fragt mein Vater, und obwohl wir noch gar nicht lange unterwegs sind, nicke ich.

»Da war gerade eine Tankstelle, ich würde vorschlagen, wir fahren bis zur nächsten weiter, die müsste nur ein paar Kilometer die Straße entlang sein. Wo waren wir stehen geblieben?«

»Dabei, dass du gesagt hast, du hättest Marokko gerne mehr zurückgeben.«

»Ja, das hätte ich wirklich gerne. Aber tja ...«

Er schweigt, und seine Bedrückung schwappt zu mir herüber. Ich ignoriere sie so gut ich kann und mache weiter:

»Was hättest du denn noch gerne? Also was fehlt dir in dem Leben, das du führst?« Auch auf diese Frage kenne ich seine Standardantwort und bin deshalb nicht überrascht, als er sagt: »Mehr marokkanische Gesellschaft. Menschen, mit denen ich mich nach der Arbeit treffen und über mein Land in meiner Sprache sprechen kann, ohne mich zu konzentrieren, ob da jetzt ein Dativ oder ein Genitiv im Satz ist und was das für die Endung im nächsten Wort bedeutet. Dabei einen Pfefferminztee trinken oder was Typisches essen, das fehlt mir.«

Bisher war das Thema an dieser Stelle immer beendet gewesen, weil ich nie gewusst hatte, was ich darauf antworten sollte. Heute frage ich vorsichtig weiter:

»Fehlt dir manchmal auch eine Tochter, die etwas marokkanischer ist?«

Er setzt zu einem Grinsen an, hört aber sofort wieder damit auf, als er merkt, wie ernst ich bleibe.

»Nein. Wieso, hast du das Gefühl, du wärst nicht marokkanisch genug?«

»Manchmal.«

»Aber das ist doch kein festes Kategorien-System, in das man sich einfach einordnen kann, Mona. Du bist so, wie du eben bist, und du hast das Glück, dass du *auch* Marokkanerin bist. Fertig. Ist doch super. Warum machst du dir da so viele Gedanken drüber?«

Ich schaue ihn verwundert an. Wieso klingt das so einfach aus seinem Mund?

»Ich weiß nicht. Ich frage mich in letzter Zeit zum Beispiel wirklich oft, was anders wäre, wenn wir in Marokko und nicht in Deutschland leben würden.«

Jetzt grinst er doch.

»Wahrscheinlich würdest du dann gerade nicht mit mir, sondern mit deiner Mama im Auto sitzen und zum ersten Mal durch ein abgelegenes Gebiet im Sauerland fahren, das du kennenlernen möchtest«, sagt er und fügt noch etwas hinzu, das auch den letzten Rest Schwermut aus dem Auto verdrängt: »Ehrlich gesagt, finde ich es gerade sehr gut so, wie es ist.«

20

Die Toilette ist überraschend in Ordnung dafür, dass sie zu einer Tankstelle in Marokko gehört. Es riecht nach Eau de Javel, einem chlorhaltigen Bleichmittel, ohne das marokkanische Putzkräfte wahrscheinlich auf der Stelle ihren Job verweigern würden. Es gibt ein kleines Waschbecken und ein Fenster, durch das die Sonne scheint. Eine Kloschüssel gibt es nicht und auch kein Papier, aber ich habe mit der Zeit gelernt, meine Ansprüche herunterzuschrauben und immer ein Paket Taschentücher dabeizuhaben. Außerdem habe ich vor einigen Jahren schmerzlich erfahren müssen, dass es keine gute Idee ist, eine sogenannte Hocktoilette zu benutzen, wenn sich ein Handy in der hinteren Hosentasche befindet. Man fischt ein Smartphone nur einmal im Leben bei 35 Grad aus einem Loch, von dem man sich verzweifelt wünscht, es wäre nur mit dem eigenen Urin gefüllt und nicht zusätzlich noch mit den Darmbakterien mehrerer Generationen von Reisenden. Während ich also meine Hose aufknöpfe und mich mit jeweils einem Fuß auf die dafür vorgesehene Keramikfläche positioniere, versichere ich mich noch einmal, ob ich mein Telefon auch wirklich in meinem Rucksack gelassen habe. Dann erst beuge ich meine Knie.

Als ich zum Auto zurückkomme, das in einer kleinen Parkbucht kurz vor der Ausfahrt der Tankstelle im Schatten steht, lehnt mein Vater an der Kühlerhaube und telefoniert. Er gibt mir ein Zeichen, dass er noch ein paar Minuten brauche, ich gebe ihm ein Zeichen, er solle schon mal die Autotür entriegeln. Ich ziehe meine Jacke aus und lege sie auf die Rückbank.

Noch ist die Luft klar und angenehm kühl, aber mit jeder Minute gewinnt die Sonne an Kraft. Es soll ein heißer Tag werden, hoffentlich wird es auch ein guter Tag. Während ich in meinem Rucksack zwischen einem Buch, einem Schreibblock (für alle Fälle), einer Packung Kekse und einer Handcreme mein Handy suche, überlege ich, wo wir heute wohl zu Mittag essen werden. Bei irgendwem aus der Familie im Dorf? Oder vorher? Nee, vorher ist zu früh, wenn, dann nachher, aber irgendwas werden wir bestimmt auch in Snober essen. Weiß dort überhaupt irgendjemand, dass wir kommen? Lallas älteste Schwester wohnt noch dort. Sie ist meine Großtante und trotzdem habe ich sie nie kennengelernt. Alles, was ich über sie weiß, ist, dass sie sehr alt ist und Snober nie verlassen hat. Ihr Mann ist vor vielen Jahren gestorben, mit ihm hat sie neun Kinder bekommen, von denen bis auf eines alle weggezogen sind. Ich finde mein Handy, fische es aus dem Rucksack und setze mich auf den Beifahrersitz.

Mona, 9:21 Uhr
Hi Mama, sind jetzt unterwegs. War gerade an einer Tankstelle auf der Toilette und fands super! Keine 1, aber mindestens eine 3+. Punktabzug vor allem für die falsche Klosorte (türkisch) und ein kaputtes Türschloss (ist aber eh niemand außer uns hier). Hoffe, dir geht's gut! Bis morgen!

Ich schicke die Nachricht ab und weiß genau, dass meine Mutter grinsen wird, wenn sie das nächste Mal ihr Handy in die Hand nimmt. Irgendwann hatten wir beide es uns zur Aufgabe gemacht, marokkanische Sanitäranlagen mit Schulnoten zu bewerten. Die Idee war uns gekommen, als wir einmal auf einer Fahrt mit dem Auto in einer kleinen uns unbekannten Stadt im Süden Marokkos haltgemacht, sehr lange nach einer Toilette gesucht und schließlich nur eine gefunden hatten, die höchstens unter allergrößten Nöten benutzbar gewesen wäre. Auf der Rückfahrt entwickelten wir die Idee für eine App (Arbeitstitel: *Sani-Flair*). Dort sollten, auf einer virtuellen Karte, alle öffentlich zugänglichen Toiletten in ganz Marokko zu finden sein, inklusive Beschreibung und Bewertung, vielleicht sogar mit Foto. Natürlich blieb es bei der Idee, so wie fast immer, wenn man sagt »Es müsste mal eine App erfunden werden, die ...«, aber das Benotungsverfahren behielten wir bei und haben seitdem nur ein einziges Mal eine glatte Eins vergeben.

Die Fahrertür geht auf, und mein Vater steckt den Kopf ins Auto. »Willst du mal?«, fragt er und hält mir den Schlüssel entgegen. »Ist Automatik und fährt sich wirklich sehr gut.« Als ich zögere, fügt er hinzu: »Das am Telefon war ein Arbeitskollege. Ihm fehlt ein Dokument, das muss ich ihm kurz schicken mit ein paar Infos.«

Eigentlich habe ich keine Lust zu fahren. Ich will mich weiter auf alles um mich herum konzentrieren und nicht hauptsächlich auf die Straße. Aber Nein sagen will ich auch nicht. Also steige ich wieder aus, gehe um den Wagen herum, lasse mich auf den Fahrersitz fallen und sage mit gespieltem Trotz: »Du willst doch nur testen, ob ich richtig aufgepasst habe, als du mir den Weg auf der Karte gezeigt hast.«

»Auch das«, antwortet mein Vater und schnallt sich an.

Ich ziehe den Sitz nach vorne, dann den Rückspiegel nach unten und drehe den Schlüssel im Zündschloss. Die Anzeige im Armaturenbrett leuchtet auf. Ansonsten passiert nichts.

Ich werfe einen kurzen Blick zur Seite, mein Vater ist schon in sein Handy vertieft. Ich checke, ob der Hebel auf »P« steht, trete die Bremse durch, probiere es noch einmal. Nichts.

»Papa, gibt's hier einen Trick oder so?«

Er hebt den Blick, scheint aber in Gedanken ganz woanders zu sein. Warum ist er überhaupt ans Telefon gegangen? Warum braucht sein Kollege ausgerechnet heute irgendwelche Dokumente? Und warum geht dieses blöde Auto nicht an?

»Hast du den Fuß auf der Bremse?«

»Ja klar, ich bin ja nicht doof. Geht trotzdem nicht.«

Mein Vater greift von der Seite zum Schlüssel, dreht ihn. Der Motor bleibt stumm. Wir tauschen wieder die Plätze, er sitzt jetzt hinterm Steuer, ich stehe draußen, die Hände in den Hosentaschen. Ich hoffe inständig, dass ich einen Fehler gemacht, irgendeinen Knopf nicht gedrückt oder den Schlüssel falsch herum eingesteckt habe. Aber alles, was ich aus dem Innern des Wagens höre, ist ein verwundertes »Mais pourquoi?«, danach ein etwas genervteres »Ce n'est pas possible!« und schließlich »Merde!«, gefolgt von ein paar marokkanischen Flüchen, die ich an dieser Stelle besser nicht übersetze. Ich versuche cool zu bleiben und sage mir immer wieder, dass sich das alles gleich lösen wird. Es kann doch gar nicht möglich sein, dass ein so neues Auto gerade noch ganz normal gefahren ist und fünf Minuten später nicht mehr anspringt. Oder?

Mein Vater versucht den Autovermieter zu erreichen und flucht noch einmal, als die Mailbox anspringt. Dann steigt er aus und sagt genau das, was ich hören möchte: »Keine Sorge, das kann nichts Großes sein. Bestimmt nur eine Sperre oder so, von der ich nichts weiß. Ich gucke mal kurz, ob hier jemand ist, der uns helfen kann.«

Wenige Minuten später verschwindet ein sehr engagierter Tankstellenangestellter neben meinem Vater hinter der geöffneten Motorhaube und taucht erst wieder auf, als ein weiterer Mann hinzukommt, dessen blaue Jacke darauf schließen lässt, dass es sein Kollege ist. Die drei Männer diskutieren auf Arabisch, ich verstehe nur die Hälfte, und das, was ich verstehe, klingt nicht gut. Ich komme mir nutzlos vor, und damit das nicht so auffällt, setze ich mich ins Auto und ziehe wieder mein Handy aus dem Rucksack. Meine Mutter hat mir mit einem lachenden Smiley, einer Rolle Toilettenpapier, einem Daumen hoch und einem Ufo geantwortet. Darunter steht:

Mama, 9:47 Uhr
Das Raumschiff war ein Versehen!! Gute Fahrt und bis morgen!

Morgen, denke ich, und schließe den Nachrichtenverlauf, ohne zu reagieren. Morgen sind wir wieder in Deutschland, und mich beschleicht langsam das Gefühl, dass ich dann immer noch nicht wissen werde, wie es in Snober ist. Jemand schließt mit Schwung die Motorhaube, das Auto wackelt und ich sehe, wie der Tankstellenmitarbeiter mit meinem Vater redet.

»So, das hätten wir geschafft. Manchmal liegt der Teufel echt im Detail, aber gut, dass wir ihn doch noch gefunden haben. Jetzt müsste alles wieder funktionieren. Gute Fahrt!«

Wie schön wäre es, wenn er genau das gerade gesagt hätte. Leider kann ich durch die geschlossenen Türen kein Wort verstehen, bin mir aber beim Anblick der ratlosen Gesichter sicher, dass ich mit meiner Synchronisation sehr falschlag. Ich steige aus.

»Tja, Mona«, sagt mein Vater, als ich mich neben ihn stelle, und kneift mir in die Wange, als wäre ich vier Jahre alt. »Ich glaube, das war's mit unserem Ausflug.«

Es fühlt sich an, als würden seine Worte eine Blase platzen lassen, in der sich in den vergangenen 30 Minuten immer mehr Enttäuschung angestaut hat. Jetzt quillt sie in einem Schwall heraus.

»Och nö ey!«, sage ich in einem flehenden Ton, der ebenfalls klingt, als wäre ich ein Kleinkind, dem gesagt wurde, dass es heute kein Eis zum Nachtisch geben wird. Ganz kurz verspüre ich das Bedürfnis, wütend mit dem Fuß aufzustampfen, spare mir die Maßnahme aber für den Fall auf, dass mein Vater tatsächlich recht behalten soll.

Als eineinhalb Stunden später ein orangefarbener Wagen mit der Aufschrift *Dépannage* auf das Gelände der Tankstelle fährt, ist der Sachverhalt klar und meine Enttäuschung immer noch da, aber zumindest hat sie die Zeit genutzt, um sich zu verteilen und langsam abzuflachen. Mittlerweile weiß ich, dass die beiden Tankstellenangestellten Youssef und Najid heißen und dass das Schloss auf der Toilette nur deshalb nicht eingerastet ist, weil ich die Tür nicht fest genug zugezogen habe. Die Note habe ich entsprechend angepasst, von einer 3+ auf eine glatte 2. Zumindest eine positive Wendung an diesem Tag. Mein Vater hatte sehr lange mit einer Werkstatt in Fès telefoniert. Sie vermuteten einen defekten Anlasser oder irgendwelche Probleme mit der Elektronik, konnten aber aus der Ferne auch nicht weiterhelfen. Während wir also auf die Ankunft des Abschleppwagens warteten, war Youssef irgendwann im Innern der Tankstelle verschwunden und mit einer Kanne Pfefferminztee zurückgekommen. Im Gegenzug hatten wir ihm und Najid frische Kraschl angeboten.

Der Abschleppwagen erinnert mich an das Playmobilfahrzeug, mit dem mein Bruder und ich früher immer ›Unfall auf der Autobahn‹ gespielt haben.

Während zwei fremde Männer anfangen, routiniert unser Auto zu verladen, legt mein Vater mir einen Arm um die Schulter und zieht mich zu sich heran. »Komm, Mona. Nicht traurig sein!«

Ich nicke und bin traurig.

»Warum wolltest du eigentlich so unbedingt in das Dorf?«, fragt er dann unvermittelt, und ich stutze.

»Weißt du doch. Weil ich noch nie da war und Lalla da geboren ist. Ich wollte mal sehen, wie es so ist.«

»Nein, ich meine, warum war dir das auf einmal so wichtig, wenn es dich jahrelang nicht interessiert hat?«

»Weil –«, beginne ich und breche den Satz dann doch ab.

»Ich glaube, dass du vor allem nach einem guten Ziel für diese Reise hier gesucht hast«, sagt mein Vater, als hätte er die Lösung eines Rätsels gefunden. Ich kann keinen Vorwurf in seiner Stimme hören, gehe aber trotzdem in die Verteidigungshaltung.

»Na und? Es wäre ja auch ein sehr gutes Ziel gewesen, und trotzdem kann es mich ja ehrlich interessiert haben.«

»Stimmt, das glaube ich dir auch. Worauf ich hinaus möchte, ist eigentlich nur, dass sich eben nicht alles im Leben immer planen lässt.«

»Och nee, Papa. Wirklich, jetzt fang nicht an, mir wieder zu sagen, dass das Schicksal manchmal einen anderen Plan hat oder so 'n Scheiß. Echt nicht. Dafür bin ich zu alt.«

Ich winde mich aus seinem Arm heraus, und er lacht sein typisches Papa-Lachen.

»Aber stell dir mal vor, wir wären da angekommen und es hätte dir gar nicht gefallen. Dann wärst du vielleicht noch viel enttäuschter als jetzt.«

Ich nicke, weil er es nur gut meint und weil er auch ein bisschen recht hat. Besser gar kein Ziel als ein unbefriedigendes. Trotzdem bleibt die Ernüchterung.

»Hier in Marokko gibt es ein Sprichwort, das lautet ›Die größten Enttäuschungen haben ihren Ursprung in den größten Erwartungen‹.«

Ich warte, ob da noch was kommt, aber er scheint fertig zu sein.

»Meinst du, ich hatte zu große Erwartungen an diese Reise?«

»Das kann ich dir nicht sagen. Fühlt es sich so an?«

»Nein, eigentlich nicht. Bis jetzt fand ich es schön.«

»Na siehst du. Und weißt du, was das Beste ist?«

»Dass wir noch mal wiederkommen müssen«, rate ich.

Er nickt und zeigt in Richtung des Abschleppwagens, auf dessen Ladefläche mittlerweile unser Mietauto steht.

»Jetzt müssen wir aber erst mal wieder nach Hause.«

Epilog

Ich habe in meinem Leben schon sehr viele Enden von Büchern durchlebt. Einige haben mich mit Gewalt nach draußen auf den Bordstein gespuckt, andere wollten mich entschlossen in Richtung Ausgang schieben, und von wieder anderen wurde ich zögerlich, fast zärtlich, über die Schwelle getragen. Ähnlich unterschiedlich waren auch die Gefühle, mit denen mich diese Bücher zurückgelassen haben. Mal war ich nach der letzten Seite euphorisch und dankbar für die besondere Zeit, mal traurig, weil sie sich zu besonders angefühlt hat, um sie einfach so hinter mir zu lassen. Manchmal war ich wütend, häufig ein bisschen enttäuscht, auch mal überrascht oder erschrocken oder verwirrt oder – im schlimmsten aller Fälle – voller Gleichgültigkeit für das, was ich gelesen habe. Immer gleich geblieben ist jedoch die Tatsache, dass ich eine Meinung hatte. Egal wie ein Buch aufgebaut war und wie es endete, ich wusste danach immer sofort, warum ich es mochte oder eben nicht. Dass sich diese literarische Meinungsstärke mit der Zeit von einem lockeren Bauchgefühl zu etwas Formulierbarem entwickelt hat, liegt nicht zuletzt daran, dass sie irgendwann ein Teil meines Berufes geworden ist.

Dann kam die Entscheidung, ein eigenes Buch zu schreiben, und ungefähr 330 000 Zeichen später der Moment, in dem ich mir überlegen musste, wie es enden soll. Während draußen eine Pandemie tobte, vor der ich den Inhalt dieses Buches mit aller Kraft abgeschirmt hatte, saß ich unter dem Schein meiner wirklich schönen Schreibtischlampe und war ratlos. Wie beendete man so ein Buch denn? Wie ging das? Wo setzte man den letzten Punkt, wenn es sich überall anfühlte, als würden noch ungenutzte Fragezeichen herumliegen?

Wollte ich schubsen oder lieber tragen? Rabiat oder zärtlich sein? Klar war: Ich wollte ein gutes Ende für etwas finden, das mich über ein Jahr lang gefordert und beschäftigt, begleitet und nicht losgelassen hatte. Ich wollte im Epilog auf jeden Fall noch mal betonen, wie viel mir dieser Text bedeutet, wie wichtig das Schreiben und das Suchen für mich war und dass ich noch nie so viel über die essenziellen Fragen meines Lebens nachgedacht hatte wie in dieser Zeit. Aber wie machte man das, ohne in kitschige oder selbstreferenzielle Gefilde abzudriften? Und sollte das alles nicht sowieso jeder Person klar sein, die das Buch bis zu diesem Punkt gelesen hat?

Etwa drei Wochen bevor ich das Manuskript abgeben sollte, kam ich zu der Erkenntnis, dass ich mir all diese Gedanken hätte sparen können. Beziehungsweise kam die Erkenntnis zu mir. Ich war für ein Wochenende zu meinen Eltern gefahren, abends unter die Bettdecke in meinem alten Zimmer geschlüpft und hatte in den Stunden darauf das Ende für dieses Buch geschenkt bekommen.

Träume sind das beliebteste Mittel, um ohne viel Risiko aus einer geradlinigen Geschichte auszubrechen. Ich mag es eigentlich, wenn sie Teil von literarischen Texten sind, und bin schnell skeptisch, wenn sie in Sachbüchern auftauchen. Hat die Person, die da erzählt, diese Geschichte wirklich genauso geträumt? Ja, hat sie. Zumindest in meinem Fall. Alles, was ihr gleich lesen werdet, ist genau so passiert. Keine Ahnung, wer oder was das im Universum der Träume für mich so eingefädelt hat oder ob mein Stammhirn es nach so vielen selbstbewusst heruntergeschriebenen Seiten nicht mit ansehen konnte, dass es mir plötzlich so schwerfiel, ein passendes Ende zu finden. Auf jeden Fall träumte ich in jener Nacht etwas, für das ich am nächsten Morgen meine Eltern am Frühstückstisch warten ließ, weil ich es aufschreiben musste:

Ich laufe alleine durch die Straßen von Fès und betrete ein Gebäude, das von außen Ähnlichkeit mit einer Moschee hat, von innen jedoch aussieht wie eine riesige Turnhalle. In der Mitte stehen Hunderte Frauen in langen Reihen und beten mit gesenkten Köpfen. Ich setze mich leise auf die Tribüne und schaue ihnen dabei zu. Es ist wie so häufig in meinen wirrsten Träumen: Ich hinterfrage nichts und finde die Situation auf fast gleichgültige Art logisch. Irgendwann setzt sich in der Mitte des Gebetspulkes eine der Frauen in Bewegung. Wie bei einem Flashmob tun es ihr nach und nach alle anderen gleich, bis sie in einer Art Strudel zusammenfließen, immer schneller werden und schließlich verschwinden. In diesem Moment fährt ein Beben durch den Plastikstuhl, auf dem ich sitze, dann hebe ich ab und schwebe über die gefüllten Ränge hinweg, der inzwischen menschenleeren Hallenmitte entgegen. Als ich genau dort lande, wo gerade noch das Auge des Strudels war, halte ich mir blinzelnd den Handrücken vor mein Gesicht. Kaum haben sich meine Augen an das grelle Scheinwerferlicht gewöhnt, brandet Applaus auf und ein alter Mann in weißer Djellaba betritt die Fläche. Es ist Basidi. Er winkt mit beiden Händen in Richtung Publikum, lacht mich an und deutet auf einen Tisch, auf dem eine Salatgurke und ein Kugelschreiber liegen. Ich stehe auf und erblicke dabei meine Eltern in einer der vielen Türen hinter mir, die zu Umkleiden, Duschen oder was weiß ich was führen. Meine Mutter hält einen alten Camcorder in die Höhe, mein Vater schaut mich verwundert an, ich zucke hilflos mit den Schultern und merke, dass ich die Situation langsam doch nicht mehr so logisch finde. Was mache ich hier? Was soll das mit der Gurke? Ist das ein Test? Ein Ritual? Eine Tradition, die ich nicht kenne?

Etwas verunsichert setze ich mich an den Tisch und greife nach dem Kugelschreiber. »Linien!«, höre ich meinen Vater aus der Tür flüstern. »Du musst Linien draufmalen!«

Also setze ich an, um einen Strich vom oberen Ende der Gurke zum unteren zu ziehen, doch die Menge im Zuschauerraum lacht und johlt, und ich zucke zurück. Auch Basidi lacht, aber er wirkt dabei wie immer wohlwollend und entspannt. Entweder ist nicht mal der kreativste Teil meines Unterbewusstseins in der Lage, ihm eine genervte oder gar böse Anmutung zu verpassen, oder aber es macht ihm tatsächlich nichts aus, dass seine Enkelin anscheinend als einzige Person im Raum nicht weiß, wie man ordnungsgemäß Linien auf eine Gurke malt. Er nimmt mir den Stift aus der Hand, legt das Gemüse quer vor sich auf den Tisch, zieht einen kleinen Strich durch die Mitte, und die Gurke teilt sich wie durch Zauberhand in zwei Hälften. Aha, denke ich, so funktioniert das. Während ich also die restliche Gurke mit vielen kleinen Strichen in dünne Scheiben male, holt Basidi zwei dampfende Töpfe mit Spaghetti unter dem Tisch hervor, stellt verschiedene Gewürze daneben und wartet ab. Mit jedem Strich, den ich ziehe, fühle ich mehr Widerstand im Kugelschreiber und werde langsamer. Ich sehe, wie sich die Ränge langsam leeren, wie mein Vater mir ein Zeichen gibt, dass ich mich nicht stressen lassen, aber bitte etwas schneller machen soll, und ich sehe Basidi, der eine Handvoll Nudeln aus dem Topf nimmt und sie mit Schwung gegen die Hallendecke wirft. Als alle haften bleiben, sagt er »al dente« und nickt zufrieden. Die folgenden Arbeitsschritte kann ich leider nicht mehr detailgetreu wiedergeben. Auf jeden Fall sind es viele, und die meisten machen wenig Sinn. Zum Beispiel soll ich Mondwasser aus kleinen braunen Eiern über die Nudeln schlagen, was ich natürlich tue, denn anscheinend war es Teil einer festen Prozedur, von der ich nur noch nie gehört habe. Außerdem weiß ich noch, dass ich mich im Traum immer wieder entschuldige. Ich entschuldige mich bei den letzten im Publikum anwesenden Personen dafür, dass alles so lange dauert. Ich entschuldige mich bei Basidi dafür, dass ich absolut keine Ahnung habe, was wir hier tun, obwohl ich das Gefühl habe, es wissen zu müssen. Und ich entschuldige mich bei meinen Eltern dafür, dass ich nicht mehr die kleine, niedliche Mona bin, die mit einem Mikrofon vor der Nase auf einer Bühne stehen und völlig unbefangen behaupten kann, sie käme aus halb Marokko und halb Deutschland.

»Auf jeden Fall ist das hier eine Erfahrung, die du nie vergessen wirst«, sagt mein Vater, als wir irgendwann zu dritt vor dampfenden Schüsseln sitzen. Wo ist meine Mutter plötzlich hin? Wer hat so schnell den Tisch gedeckt? Wieso sieht die Soße über den Nudeln aus wie der Gurkensalat meiner Oma in Deutschland? Was zur Hölle soll das hier? Unsicher schaue ich auf, und alles, was ich sehe, ist Zuneigung und Vorfreude. Mein Vater und Basidi halten schon ihr Besteck in den Händen, scheinen jedoch abzuwarten, bis ich den ersten Bissen probiere. Also tauche ich meinen Löffel in den Berg aus Spaghetti mit Gurkensalat, und als die Mischung meine Zunge berührt, stelle ich fest, dass es das Beste ist, was ich je probiert habe.

Danke

Danke, Papa. Dafür, dass du diese Reise mitgemacht hast und einfach der Beste bist.

Danke, Mama. Dafür, dass du in meinem Leben eine so viel größere Rolle einnimmst als in diesem Buch.

Danke, meinen beiden Jungs mit Y. Dafür, dass ihr keine Fans von öffentlicher Aufmerksamkeit seid und sie trotzdem verdient habt.

Danke, Oma und Opa. Dafür, dass es bei euch immer nur Liebe gab. Und guten Gurkensalat. Und einmal eine tote Albinomaus.

Danke, Rachid. Dafür, dass du dir so viel Arbeit gemacht hast und fast in der Umschlagsinnenseite gelandet wärst.

Danke, Imke. Dafür, dass du mich einfach angerufen und danach immer an dieses Buch geglaubt hast.

Danke, David. Dafür, dass du dir Basidis Dach erst mal begeistert angesehen und am Ende wahnsinnig gut aufgeräumt hast.

Danke, allen bei Kiwi. Dafür, dass es sich nach Sicherheit und Freiheit anfühlt, bei euch ein Buch zu veröffentlichen.

Danke, meiner kleinen Test-Crew (und ganz besonders dir, Vassili!). Dafür, dass ihr schon mal vorgefahren seid.

تحياتي الحارة إلى جدتي ورحم الله جدي.

Glossar

Aid el Kebir	Islamisches Opferfest
Allahu Akbar	»Gott ist groß« / »Gott ist am größten«
Bab Bou Jeloud	Stadttor im Westen der Altstadt von Fès
Balak	»Aus dem Weg«
Basidi	Opa (wörtlich: »Vater meines Herren«)
Bla soukkar	»Ohne Zucker«
Bslamah	»Tschüss«
Dirham	Die marokkanische Währung
Djellaba	Traditionelles bodenlanges Gewand
Djemaa el Fna	Zentraler Platz in Marrakech
Halqa	»Geschlossener Kreis«
Hanout	»Laden«
Haram	Adjektiv für verbotenes Verhalten im Islam
Harcha	Marokkanisches Grießbrot
Iqra	»Lesen« (und: Name eines bekannten Schulbuches)

Inshallah	»So Gott will«
Kaftan	Traditionelles marokkanisches Kleid
Kraschl	Marokkanisches Milchbrötchen mit Anis
Lalla	Oma (oder auch: respektvolle weibliche Anrede)
Masaktach	»Ich schweige nicht« (Name einer Frauen-bewegung)
Medina	»Altstadt« (in diesem Buch: Altstadt von Fès)
Riad	Traditionelles Haus in Marokko mit Innenhof
Sidi	»Herr« (respektvolle männliche Anrede)
Shukran	»Danke«
Tarboush	Traditionelle Kopfbedeckung für Männer
Tajine	Rundes Schmorgefäß aus Lehm mit spitzem Deckel
Talaa Kebira	»Große Steigung« (Straße in der Medina von Fès)
Talaa Sgheria	»Kleine Steigung« (Straße in der Medina von Fès)
Zakat al-Fitr	Spende an Bedürftige zum Ende des Ramadans

Quellen

Kapitel 1

- Saša Stanišic, *Herkunft*, Luchterhand Literaturverlag, München 2019.

Kapitel 3

- Arno Frank, *Wir sind Griechenland*, Bundeszentrale für politische Bildung, fluter, Ausgabe 45, 2012, S. 20–21.

Kapitel 6

- Fatima Mernissi, *Der politische Harem – Mohammed und die Frauen*, Verlag Herder, Freiburg im Breisgau 1992.

- Leila Slimali, *Sex und Lügen – Gespräche mit Frauen aus der islamischen Welt*, btb Verlag, München 2018.

Kapitel 8

- Neue Deutsche Medienmacher:innen, *Diversity-Guide. Wie deutsche Medien mehr Vielfalt schaffen – Handbuch für professionellen Journalismus im Einwanderungsland*, 2021.

- Horst Pöttker, Christina Kiesewetter, Juliana Lofink (Hrsg.), *Migranten als Journalisten? Eine Studie zu Berufsperspektiven in der Einwanderungsgesellschaft*, Springer VS 2016.

Kapitel 9

- International Trade Center, *Nepal. National Sector Export Strategy – Tea (2017-2021)*. URL: https://moics.gov.np/public/up loads/shares/strategy/Tea_1546150222_compressed.pdf

- Maghreb Post, *Marokko größter Kunde für chinesischen Tee weltweit*, 2019. URL: https://www.maghreb-post.de/wirtschaft/ marokko-groesster-kunde-fuer-chinesischen-tee-weltweit/

- Jane Zhang, *Morocco becomes the unlikely first stop for Chinese tea exports as they find their way into global markets through Belt and Road*, South China Morning Post, 2019. URL: https://www. scmp.com/business/companies/article/3008905/morocco-becomes-unlikely-first-stop-chinese-tea-exports-they

Kapitel 10

- United Nations Development Programme, *Human Development Index (HDI) Ranking – From the 2021/22 Human Development Report.* URL: https://hdr.undp.org/system/files/documents/ global-report-document/hdr2021-22pdf_1.pdf

Kapitel 11

- Handelsblatt, *Warnung des ADAC – Warum Holzkugel-Sitzauflagen gefährlich sind*, 2011. URL: https://www.handelsblatt. com/auto/ratgeber-service/warnung-des-adac-warum-holz kugel-sitzauflagen-gefaehrlich-sind/4494068.html?ticket= ST-9408602-YtbFoMkIEqrl7BZRfJrE-ap6

Kapitel 14

- INSAF (Institut National de Solidarité avec les Femmes en Détresse), *Pour l'éradication du travail des »petites bonnes« au Maroc – Eléments de plaidoyer,* 2014. URL: https://tbinternet.ohchr.org/Treaties/CRC/Shared%20Documents/MAR/INT_CRC_NGO_MAR_17894_F.pdf

Kapitel 16

- Richard Hamilton, *The last Storytellers*: Tales from the heart of Morocco, I. B. Tauris, London 2013.

- Thomas Ladenburger, *Al Halqa – Im Kreis der Geschichtenerzähler,* Dokumentarfilm 2010.

- Thomas Ladenburger, *Al Halqua virtual.* URL: https://www.alhalqa-virtual.com/index.php/de/